시간의 얼굴

© 2006 LEE Hae-In

THE FACE OF TIME

Benedict Press, Waegwan, Korea

시간의 얼굴
1989년 11월 초판
2006년 8월 신정판(32쇄)
2013년 8월 33쇄
ⓒ 지은이 · 이해인 | 펴낸이 · 박현동

분도출판사
등록 · 1962년 5월 7일 라15호
718-806 경북 칠곡군 왜관읍 왜관리 134의 1
왜관 본사 · 전화 054-970-2400 · 팩스 054-971-0179
서울 지사 · 전화 02-2266-3605 · 팩스 02-2271-3605
www.bundobook.co.kr

ISBN 978-89-419-0613-1 03810
값 10,500원

* 신저작권법에 따라 보호를 받는 저작물이므로 무단 전재와 무단 복제를 금합니다.

시간의 얼굴

이해인

분도출판사

□ 초판 서문 □

　세 권의 시집을 내놓긴 했어도 나는 아직도 스스로를 시인이라고 말하지 못합니다. 그저 시를 좋아하는 한 사람의 수도자일 뿐입니다.
　수도생활 중에 기도처럼 틈틈이 써 모았던 글들이 하나하나 묶여 나오면서 의외로 많은 분들의 사랑을 받아 어느새 백만 부가 넘게 읽혔다는 사실은 내게 크나큰 놀라움과 고마움, 두려움과 당혹감을 안겨 주었습니다.
　이미 지난 일들이긴 하지만 출판에 관련된 일들로 한때 감당할 수 없을 만큼 복잡하고 어려운 문제들이 생겨남으로 해서 나는 글을 쓰는 일마저 포기하고 싶을 만큼 깊은 회의에 젖기도 했습니다. 특히 이러한 일들로 전혀 예기치 않은 오해마저 받으며 나를 대신해서 곤혹을 치르던 오라버님(이인구)의 노고를 잊을 수 없습니다.
　이제 『오늘은 내가 반달로 떠도』 이후 6년 만에, 그동안 망설여 오던 네 번째 시집 『시간의 얼굴』을 내놓으면서 어느 때보다도 큰 부담이 나를 가로막는 이유는 늘 따스한 눈길로 격려하며 지켜봐 주신 많은 분들의 기대에 못 미치는 작품들로 느껴지는 부끄러움 때문입니다. 그러나 정성껏 손수 만든 하얀 안개꽃 한 다발을 가까운 친지에게 건네 드리는 그러한 마음으로 이 소품집을 내놓습니다.
　여기 제6부에 실린 시들은 대체로 가톨릭 전례력에 따라 부탁을 받고 쓴 낭송용 시들임을 밝혀 둡니다.

끝으로, 제자題字를 써 주신 박두진 선생님, 삽화를 맡아 주신 조광호 신부님, 나의 시 세계를 이야기해 준 김승희 시인, 그리고 출판을 맡아 애써 주신 분도출판사의 임 세바스티안 신부님과 편집진들께 기도 안에서의 감사를 드립니다.

1989년 늦가을에
이해인 수녀

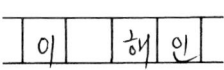

▫ 개정판 서문 ▫

　내가 깨어 있을 때만 시간은 내게 와서 빛나는 소금이 된다. 염전에서 몇 차례의 수련을 끝내고 이제는 환히 웃는 하얀 결정체. 내가 깨어 있을 때만 그는 내게 와서 꼭 필요한 소금이 된다.

　기도 안에서 항아리에 가득 채워 둔 나의 시간들. 이웃을 위해 조금씩 그 시간을 꺼내 쓰면 어느새 신神이 오시어 내가 쓴 것보다 더 많은 분량을 채워 주신다.

1989년에 초판을 냈던 저의 네 번째 시집 『시간의 얼굴』 안에 들어 있는 단상들 중 위의 두 가지 글귀를 저는 가장 좋아하였고, 사인을 해 달라는 지인들에게 자주 이 글을 적어 주곤 하였습니다.
　『민들레의 영토』 『내 혼에 불을 놓아』 『오늘은 내가 반달로 떠도』 세 권의 시집만큼은 아니라도 이 네 번째 시집 역시 독자들의 꾸준한 사랑을 받으며 판을 거듭해 왔음을 새삼 고마워합니다. 소리 없이 흐르는 시간과 더불어 이 시집을 쓴 작가도 독자도 그만큼 나이를 먹었으며, 이 시집의 제목을 붙여 주신 시인 박두진 선생님도 유명을 달리하시고 보니 시간에 대한 묵상을 새롭게 하게 됩니다.
　거의 20년 만에 『시간의 얼굴』을 새롭게 꾸며 주시는 분도출판사와 화가 공미라 님께 깊이 감사드립니다.
　생의 남은 시간들을 더욱 소중하게 아껴 쓰는 지혜의 소금으로 살고 싶은 마음, 기도로 봉헌하면서 ….

2006년 여름에
광안리 올리베따노 성베네딕도수녀원에서
이해인 수녀

차례

초판 서문 … 4
개정판 서문 … 6

1 가을 편지
가을 편지 … 12

2 침묵에게

감은 눈 안으로 … 24
길 … 26
사랑도 나무처럼 … 27
촛불 켜는 아침 … 29
작은 노래 … 31
먼지가 정다운 것은 … 33
손톱을 깎으며 … 34
사랑병 … 35
친구에게 … 36
편지 쓰기 … 38
보름달에게 1 … 41
보름달에게 2 … 42
희망에게 … 43
침묵에게 … 45
낡은 구두 … 47
노수녀老修女의 기도 … 48

죽음을 잊고 살다가 … 52
내 안에 흐르는 시 … 53

3 빈 꽃병의 말

꽃밭에 서면 … 56
분꽃에게 … 58
사르비아의 노래 … 60
달맞이꽃 … 62
수국水菊을 보며 … 64
안개꽃 … 66
할미꽃 … 67
빈 꽃병의 말 1 … 69
빈 꽃병의 말 2 … 71
등꽃 아래서 … 72
아카시아꽃 … 74
제비꽃 연가 … 75

4 겨울 아가雅歌

삼월의 바람 속에 … 78

봄 일기 … 80
오월의 아가 … 82
유월 숲에는 … 84
여름 일기 1 … 86
여름 일기 2 … 88
가을 노래 … 90
눈 내리는 날 … 92
겨울 아가 1 … 93
겨울 아가 2 … 95
겨울 엽서 … 97
새해 아침에 … 99

5 시간의 얼굴 · 단상들

시간의 얼굴 … 102
사랑은 어디서나 … 109
비 오는 날에 … 114
산 위에서 … 118
해질녘의 바다에서 … 122

6 어머니가 계시기에 · 기도시

당신의 목소리를 들으며/ 대림절 … 126
성탄 밤의 기도/ 성탄 1 … 129
당신이 오신 날 우리는/ 성탄 2 … 132
침묵의 말씀이신 당신 앞에/ 성탄 3 … 136
새해엔 산 같은 마음으로/ 신년 1 … 140
어머니가 계시기에/ 신년 2 … 143
별이 되게 하소서/ 주님 공현 … 146
사랑과 침묵과 기도의 사순절에/ 사순절 … 150
부활 소곡/ 부활 1 … 153
부활절의 기도/ 부활 2 … 156
오늘은 꽃과 불 속에/ 성모성월 1 … 159
어머니, 당신의 오월이 오면/ 성모성월 2 … 162
성모여, 울게 하소서/ 성모승천 1 … 166
어머니, 우리가 당신을 부르면/ 성모승천 2 … 169
오직 사랑 때문에/ 순교자성월 … 173
출발을 위한 기도 … 176
깊은 데로 가서 그물을 … 179
기뻐하게 하소서 … 182
다시 드리는 기도 … 185

이해인의 시 세계 | 둥근 아니마의 일하는 사랑 · 김승희 … 188

1
가을 편지

가을 편지

1

오늘은 가을 숲의 빈 벤치에 앉아 새 소리를 들으며 흰 구름을 바라봅니다. 한여름의 뜨거운 불볕처럼 타올랐던 나의 마음을 서늘한 바람에 식히며 앉아 있을 수 있는 이 정갈한 시간들을 감사합니다.

2

대추 열매가 주렁주렁 매달린 우리 집 앞마당. 대추나무 꼭대기에서 몇 마리의 참새가 올리는 명랑한 아침기도. 바람이 불어와도 흩어지지 않는 새들의 고운 음색. 나도 그 소리에 맞추어 즐겁게 노래했습니다. 당신을 기억하며 ―

3

한 포기의 난蘭을 정성껏 키우듯이 언제나 정성스런 눈길로 당신을 바라보면 그것이 곧 기도이지요? 물만 마시고도 꽃대와 잎새를 싱싱하게 피워 올리는 한 포기의 난과도 같이, 나 또한 매일 매일 당신이 사랑의 분무기로 뿜어 주시는 물을, 생명의 물을 받아 마신다면 그것으로 넉넉하지요?

4

　기도서 책갈피를 넘기다가 발견한 마른 분꽃잎들. 작년에 끼워 둔 것이지만 아직도 선연한 빛깔의 붉고 노란 꽃잎들. 분꽃잎을 보면 잊었던 시어詩語들이 생각납니다. 당신이 정답게 내 이름을 불렀던 시골집 앞마당, 그 추억의 꽃밭도 떠오릅니다.

5

　급히 할 일도 접어 두고 어디든지 여행을 떠나고 싶은 가을. 정든 집을 떠나 객지에서 바라보는 나의 모습, 당신의 모습, 이웃의 모습. 떠나서야 모두가 더 새롭고 아름답게 보일 것만 같은 그런 마음. 그러나 멀리 떠나지 않고서도 오늘을 더 알뜰히 사랑하며 살게 해 주십시오.

6

　"네가 보고 싶었어"라고 말하는 이의 눈 속에 출렁이는 그림 한 점, 샤갈의 「푸른 장미」. "너를 사랑해"라고 말하는 이의 목소리 속에 조용히 흔들리는 선율, 「G선상의 아리아」. 내게 이런 모든 것을 느끼도록 해 주신 당신의 크신 얼굴이 더 크게 살아오는 가을. 루오의 그림마다에서 당신의 커다란 눈들이 나를 부릅니다.

7

오늘은 길을 떠나는 친구와 한 잔의 레몬차를 나누었습니다. 이별의 서운함은 침묵의 향기로 차茶 안에 녹아내리고 우리는 그저 조용히 바라봄으로써 서로의 평화를 빌어 주고 있었습니다. 정든 벗을 떠나보낼 때는 언제나 눈물이 앞을 가립니다. 헤어질 때면 더욱 커 보이는 그의 얼굴, 손 흔들 때면 더욱 작아 보이는 나의 얼굴.

8

새벽에 성당 가는 길엔 푸른 색 나팔꽃 한 송이와 꼭 마주치게 됩니다. 그 꽃이 나를 바라보듯이 내가 그 꽃을 바라보듯이 그렇게 유순하고 사심私心 없는 마음으로 매일을 살게 하여 주십시오.

9

귀뚜라미 노래 소리에 깊어 가는 가을밤. 내 피곤한 육신을 맨땅에 눕히듯이 작은 나무 침대 위에 눕히면, 오랜만에 달고 싱싱한 사탕수수 같은 나의 꿈과 잠. 꿈에도 나는 당신을 사랑합니다. 당신과 긴 여행을 합니다. 꿈꾸는 것조차도 당신 안에선 가장 아름다운 기도입니다.

10

보름달 속에 비치는 당신의 빛나는 모습. 달처럼 차고 또 기우는 우리의 삶은 얼마나 아름다운 것입니까. 달빛에게 세례 받은 하얀 박꽃처럼 순결한 마음으로 당신을 기억하며 살고 싶습니다. 나 또한 당신의 넓은 하늘에서 하나의 달이 되어 뜰 때까지.

11

가을엔 가장 작은 들꽃의 웃음소리까지도 들을 수 있습니다. 남 몰래 앓고 있는 내 이웃의 작은 아픔까지도 깊이 이해하며 그를 위한 나의 눈물이 기도가 되는 것을 느낄 수 있습니다.

12

15년 전부터 내가 아껴 쓰던 열두 빛깔의 색연필을 깎아 이 글을 씁니다. 이 연필들이 나의 손에 길들여져 조금씩 닳아가듯이 나 또한 당신에게 길들여지며, 담백한 마음으로 매일을 살고 싶습니다.

13

가을엔 내가 잠을 자는 시간조차 아까운 생각이 듭니다. '좀 더 참을 걸 그랬지, 유순할 걸 그랬지.' 남을 언짢게 만든 사소한 잘못들도 더 깊이 뉘우치면서 촛불을 켜고 깨어 있어야만,

꼭 그래야만 될 것 같은 가을밤. 당신 안에 만남을 이룬 이들의 착한 얼굴들을 착한 마음으로 그려 봅니다.

14

가을 길에 줄지어 선 코스모스처럼 내 마음 길에 수없이 한들대는 시심詩心의 꽃잎들. '따지 말고 그냥 두면 더한 아름다움일 것을' — 이러한 생각이 시 쓰는 나를 괴롭힐 때가 있음을 헤아려 주십시오.

15

가을엔 지는 노을을 바라보듯이 그렇게 조심스런 눈빛으로 매일을 살아갑니다. 당신과의 만남은 저 노을처럼 짧게 스쳐가는 황홀한 순간과, 보다 더 긴 안타까움의 순간들을 남겨 놓고 떠납니다. 그러나 오십시오. 아름다운 당신은 오늘도 저 노을처럼 오십시오.

16

때로는 이해할 수 없는 고통과 슬픔 속에서도, 삶을 뜨겁게 사랑할 수 있는 믿음과 지혜를 이 가을엔 꼭 찾아 얻게 하소서. 꽃이 죽어서 키워 낸 열매, 당신이 죽어서 살려 낸 나, 가을엔 이것만 생각해도 넉넉합니다.

17

가을비가 내렸습니다. 우산도 채 받지 않고 길을 가는 이들의 적막한 얼굴 속에서 나는 당신 모습을 떠올렸습니다. '삶은 비애를 긋고 가는 한 줄기 가을비일까' 혼자서 나직이 뇌어 보며 오늘은 더욱 당신이 보고 싶고, 당신을 닮고 싶었습니다.

18

언제나 한(恨)과 눈물이 서린 듯한, 그러나 나를 낳아 준 모국의 정든 산천. 하루도 근심이 끊이지 않는 그녀의 쓸쓸한 이마를 보면 눈물이 핑 돕니다. 사랑하는 이들의 예기치 않은 죽음으로 인해 살아서도 이미 죽음의 순간을 맛보는 나의 이웃들을 지금은 그 아무도 위로해 줄 수 없습니다. 당신은 왜 그토록 힘이 없어 보입니까.

19

오늘은 빨갛게 익은 동백 열매 하나 따 들고 언덕을 오르며, 당신을 향한 나의 그리움 또한 이 작은 열매처럼 하도 잘 익어서 '툭' 하고 쪼개지는 소리를 들었습니다.

20

고추잠자리 한 마리 내 하얀 머리수건 위에 올려놓은 바람. 그리고 손에 쥐어 보는 유리빛 가을 햇살. 잠자리 날개의 무늬처럼 고운 설레임으로 삶을 더욱 사랑하고 싶게 만드는 당신의 가을 햇살—잊지 못합니다.

21

사랑할 때 우리 모두는 단풍나무가 되나 봅니다. 기다림에 깊이 물들지 않고는 어쩌지 못하는 빨간 별, 별과 같은 가슴의 단풍나무가 되나 봅니다.

22

버리기 아까워 여름 내내 말린 채로 꽂아 둔 장미꽃 몇 송이가 말을 건네 옵니다. "우린 아직 죽은 게 아니어요." 그래서 시든 꽃을 버리는 일에도 용기가 필요함을 깨닫는 아름다운 가을의 소심증.

23

세수를 하다 말고, 내가 살아 있다는 사실이 문득 놀라워서 들여다보는 대야 속의 물거울. '오늘은 더욱 사랑하며 살리라'는 맑은 결심을 합니다. 그 언제가 될지 참으로 알 수 없는 나의 마지막 세수도 미리 기억해 보며, 차갑고 투명한 가을 물에 가장 기쁜 세수를 합니다.

24

늦가을, 산 위에 올라 떨어지는 나뭇잎들을 바라봅니다.

깊이 사랑할수록 죽음 또한 아름다운 것이라고 노래하며 사라지는 무희들의 마지막 공연을 보듯이, 조금은 서운한 마음으로 떨어지는 나뭇잎들을 바라봅니다. 매일 조금씩 떨어져 나가는 나의 시간들을 지켜보듯이 —

25

노을을 휘감고 묵도하는 11월의 나무 앞에 서면 나를 부르는 당신의 음성이 그대로 음악입니다.

이별과 죽음의 얼굴도 그리 낯설지 않은 이 가을의 끝.

주여, 이제는 나도 당신처럼 어질고 아프게 스스로를 비우는 겸손의 나무이게 하소서. 아낌없이 비워 냈기에 가슴속엔 지혜의 불을 지닌 당신의 나무로 서게 하소서.

26

깊은 밤, 홀로 깨어 느끼는 배고픔과 목마름. 방 안에 가득한 탱자 향기의 고독. 가을은 나에게 청빈을 가르칩니다. 대나무처럼 비우고 비워 더 맑게 울리는 내 영혼의 기도 한 자락. 가을은 나에게 순명을 가르칩니다.

27

　가을이 파 놓은 고독이란 우물가에서 물을 긷습니다. 두레박 없이도 그 맑은 물을 퍼 마시면 비로소 내가 보입니다.
　지난 여름 내 욕심의 숲에 가려 아니 보였던 당신 모습도 하나 가득 출렁여 오는 우물. 날마다 새로이 나를 키우는 하늘빛 고독의 깊이를 나는 사랑합니다.

28

　여름의 꽃들이 조용히 무너져 내린 잔디밭에 작은 새 한 마리가 하늘을 보며 앉아 있었습니다. 새도 즐기는 이른 새벽의 침묵의 향기 — 새의 명상을 방해할까 두려워, 나는 가던 길을 멈추고 다른 길로 비켜 갔습니다.

29

　사랑하는 이여, 나는 당신을 쉬게 하고 싶습니다. 피곤에 지친 당신을 가을의 부드러운 무릎 위에 눕히고, 나는 당신의 혼魂 속으로 깊이 들어가 오래오래 당신을 잠재우는 가을 바람이고 싶습니다.

30

　가을엔 언제나 수많은 낙엽과 단풍의 이야기를 즐겨 듣습니다. 페이지마다 금빛 지문指紋이 찍혀 있는 당신의 그 길고 긴 편지들을 가을 내내 읽고 또 읽듯이 —

31

풀벌레 소리에 잠이 깨는 가을밤. 머리맡에 놓인 성서를 펼쳐 들면 귀에 익어 더 반가운 당신의 음성.

오직 당신으로 하여 오늘도 푸성귀처럼 푸르고 싱싱해진 이 마음의 뜨락에 당신은 어서 주인으로 오십시오.

32

겨울을 재촉하는 가을비. 빗속에서 내가 듣고 싶은 음악은 꼭 하나밖에 없습니다. 내 마음의 창을 열고 조용히 들어서는 당신의 그 낮은 목소리. 비가 와도 비에 젖지 않고 내 이름을 부르는 그 따뜻한 목소리. 그보다 더한 음악이 아직은 내게 없습니다.

33

바람 부는 들녘, 저마다의 자리에서 유순한 얼굴로 꽃들이 일어섰습니다. 뜨거운 여름의 불길을 지나 더욱 단단해진 믿음의 보석 하나 빛나는 첫 선물로 당신께 드리고 싶습니다. 이제 우리도 저마다의 자리에서 의연한 눈빛으로 일어서야겠습니다.

34

　올 가을 들어 처음으로 감을 먹었습니다. 지금은 사라져 버린 감꽃의 그 얼굴도 떠올리면서, 조그만 불덩이 하나 입에 넣듯이 감을 먹었습니다. 어느 해 가을, 가시 박힌 아픔을 잘 익은 말로 삭혀 주던 어느 사제의 모습도 떠올리면서, 뜨거운 마음으로 감을 먹었습니다.

2
침묵에게

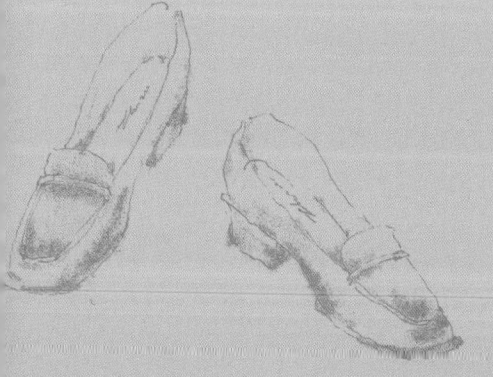

감은 눈 안으로

잠 속에
나를 묻고
나를 잊네

그의 품에 안기면
누구라도 용서하는
천사의 마음이 되네

감은 눈 안으로
빛을 그리며
다시 태어나리

순하게
부드럽게
청빈하게

살아 있는 고마움을
꿈에도 노래하리

어느 날
다시는 깨어나지 못할
단 한 번의 영원한 잠

끝까지 기다리며
오늘을 사랑하리

길

아무래도
혼자서는
숨이 찬 세월

가는 길
마음 길
둘 다 좁아서

발걸음이
생각보단
무척 더디네

갈수록
힘에 겨워
내가 무거워

어느 숲에 머물다가
내가 찾은 새
무늬 고운 새를 이고
먼 길을 가네

사랑도 나무처럼

사랑도 나무처럼
사계절을 타는 것일까

물오른 설레임이
연두빛 새싹으로
가슴에 돋아나는
희망의 봄이 있고

태양을 머리에 인 잎새들이
마음껏 쏟아 내는 언어들로
누구나 초록의 시인이 되는
눈부신 여름이 있고

열매 하나 얻기 위해
모두를 버리는 아픔으로
눈물겹게 아름다운
충만의 가을이 있고

눈 속에 발을 묻고

홀로 서서 침묵하며 기다리는
인고忍苦의 겨울이 있네

사랑도 나무처럼
그런 것일까

다른 이에겐 들키고 싶지 않은
그리움의 무게를
바람에 실어 보내며
오늘도 태연한 척 눈을 감는
나무여 사랑이여

촛불 켜는 아침

밭은 기침 콜록이며
겨울을 앓고 있는 너를 위해
하얀 팔목의 나무처럼
나도 일어섰다

대신 울어 줄 수 없는
이웃의 낯선 슬픔까지도
일제히 불러 모아
나를 흔들어 깨우던
저 바람소리

새로이 태어나는 아침마다
나는 왜 이리 목이 아픈가
살아갈수록 나의 기도는
왜 이리 무력한가

사랑할 시간마저
내 탓으로 잃어버린
어제의 어둠을 울며

하늘 위에 촛불 켜는 아침

너를 위한 나의 매일은
근심 중에서도
신년 축제의 노래와 같기를 ─

그래서 나는
눈부신 언어를 날개에 단
아침 새가 되고 싶었다

햇빛을 끌어내려
젖은 어둠을 말리는 나무 위에
희망의 둥지를 트는
새가 되고 싶었다

작은 노래

하나의 태양이
이 넓은 세상을
골고루 비춘다는 사실을
처음인 듯 발견한
어느 날 아침의 기쁨

꽃의 죽음으로 키워 낸
한 알의 사과를
고마운 마음도 없이
무심히 먹어 버린
조그만 슬픔

사랑하는 이가 앓고 있어도
그 대신 아파 줄 수 없고
그저 눈물로 바라보기만 하는
막막함

이러한 것들을 통해서
우리는 매일 삶을 배웁니다

그리고 조금씩
기도하기 시작합니다

먼지가 정다운 것은

날마다 나도 모르게
먼지를 마시며 살고
날마다 일어나서
먼지를 쓸며 사네

어디서 오는지
분명치 않은 먼지와 먼지

하얀 민들레 솜털처럼
먼지가 정다운 것은
내가 살아 있음을
확인하기 때문이지

어느 날
나도 한 줌
가벼운 먼지로 남게 됨을
헤아려 볼 수 있기 때문이지

손톱을 깎으며

언제 이만큼 자랐나?
나도 모르는 새
굳어 버린
나의 자의식

무심한 세월이 얹힌
마른 껍질을
스스로 깎아 낸다
조심스럽게

언제 또 이만큼 자랐나?
나도 모르는 새
새로 돋는
나의 자의식

사랑병

기쁨의 고열에 시달리며
가끔은 헛소리도 하는
대단한 몸살

치통처럼
속으로 간직해야 할 아픔도
기꺼이 받아들이고

화상처럼
깊은 흉터를 남기는
오랜 후유증조차
두려워하지 않는
대단한 용기

친구에게

나무가 내게
걸어오지 않고서도
많은 말을 건네주듯이
보고 싶은 친구야
그토록 먼 곳에 있으면서도
다정한 목소리로
나를 부르는 너

겨울을 잘 견디었기에
새 봄을 맞는 나무처럼
슬기로운 눈빛으로
나를 지켜 주는 너에게
오늘은 나도
편지를 써야겠구나

네가 잎이 무성한 나무일 때
나는 그 가슴에 둥지를 트는
한 마리 새가 되는 이야기를

네가 하늘만큼
나를 보고 싶어 할 때
나는 바다만큼
너를 향해 출렁이는 그리움임을
한 편의 시로 엮어 보내면

너는 너를 보듯이
나를 생각하고
나는 나를 보듯이
너를 생각하겠지?
보고 싶은 친구야

편지 쓰기

네가 누구인가
내가 누구인가
발견하고 사랑하며
편지를 쓰는 일은
목숨의 한 조각을
떼어 주는 행위

글씨마다 혼을 담아
멀리 띄워 보내면
받는 이의 웃음소리
가까이 들려오네

바쁜 세상에
숨차게 쫓겨 살며
무관심의 벽으로
얼굴을 가리지 말고

때로는 조용히
편지를 써야 하리

미루고 미루다
나도 어느 날은 모르고
죽은 이에게 편지를 썼네

끝내 오지 않을 그의 답을
꿈에서도 받고 싶었지만
내 편지 기다리던 그는
이 세상에 없어
커다란 뉘우침의 흰 꽃만
그의 영전에 바쳤네

편지를 쓰는 일은
쪼개진 심장을 드러내 놓고
부르는 노래

우리가 아직 살아 있음을
혼자가 아님을 확인하기 위하여
때로는 편지를 써야 하리

사계四季의 바람과 햇빛을
가득히 담아
마음에 개켜 둔 이야기 꺼내
아주 짧게라도

편지를 써야 하리
살아 있는 동안은 ―

보름달에게 1

너는
나만의 것은 아니면서
모든 이의 것
모든 이의 것이면서
나만의 것

만지면
물소리가 날 것 같은
너

세상엔 이렇듯
흠도 티도 없는 아름다움이 있음을
비로소 너를 보고 안다
달이여

내가 살아서
너를 보는 날들이
얼마만큼이나 될까?

보름달에게 2

네 앞에 서면
늘
말문이 막힌다

사랑하는 마음이
가득 차오르면
할 말을 잊는 것처럼
너무 빈틈없이 차올라
나를 압도하는
달이여

바다 건너
네가 보내는
한 가닥의 빛만으로도
설레이누나

내가 죽으면
너처럼 부드러운 침묵의 달로
사랑하는 이들의 가슴에
한 번씩 떠오르고 싶다

희망에게

하얀 눈을 천상의 시詩처럼 이고 섰는
겨울나무 속에서 빛나는 당신
1월의 찬물로 세수를 하고
새벽마다 당신을 맞습니다

답답하고 목마를 때 깎아 먹는
한 조각 무 맛 같은 신선함

당신은 내게
잃었던 꿈을 찾아 줍니다
다정한 눈길을 주지 못한 나의 일상日常에
새 옷을 입혀 줍니다

남이 내게 준 고통과 근심
내가 만든 한숨과 눈물 속에도
당신은 조용한 노래로 숨어 있고
"새해 복 많이 받으세요"라는
우리의 인사말 속에서도 당신은
하얀 치아를 드러내며 웃고 있습니다

내가 살아 있음으로
또다시 당신을 맞는 기쁨

종종 나의 불신과 고집으로
당신에게 충실치 못했음을 용서하세요

새해엔 더욱 청청한 마음으로
당신을 사랑하며 살겠습니다

침묵에게

내가 행복할 때에도
내가 서러울 때에도

그윽한 눈길로
나를 기다리던
너

바위처럼 한결같은 네가
답답하고 지루해서
일부러 외면하고
비켜서기도 했다

그러나
다시 돌아와
네 어깨너머로 보이는
저 하늘이
처음 본 듯 푸르구나

너의 든든한 팔에 안겨

소금처럼 썩지 않는
한마디의 말을 찾고 싶다

언젠가는 네 품에서
영원한 잠을 자고 싶다
침묵이여

낡은 구두

내가 걸어 다닌 수많은 장소를
그는 알고 있겠지
내가 만나 본 수많은 이들의 모습도
아마 기억하고 있겠지

나의 말과 행동을 지켜보던 그는
내가 쓴 시간의 증인
비스듬히 닳아 버린 뒤축처럼
고르지 못해 부끄럽던 나의 날들도
그는 알고 있겠지

언제나 편안하고 참을성 많던
한 켤레의 낡은 구두
이제는 더 신을 수 없게 되었어도
선뜻 내다 버릴 수가 없다

몇 년 동안 나와 함께 다니며
슬픔에도 기쁨에도 정들었던 친구
묵묵히 나의 삶을 받쳐 준
고마운 그를

노수녀老修女의 기도

요세파 수녀님께

눈을 감으면
당신을 섬기며 살아온 나의 생애가
10월의 단풍 숲으로 불타고 있습니다

나의 하느님
그토록 오랜 날을
청청한 나무처럼 꿋꿋하던 제가

한 장 낙엽처럼 쓰러지던 그날
처음으로 살을 에는
죽음의 바람소릴 들었습니다

이젠 휠체어에 겨우 실려 다니는
저의 야윈 삶을
당신에게조차 보이기 싫어
날마다 눈을 뜨면
자신과의 새로운 싸움이었습니다

때때로 당신을
바보라고 원망했음을 용서하십시오

80평생 한시도
당신을 잊은 적이 없는 제가

머지않아 당신을 만날 기쁨보다는
뼛속 깊이 스며드는 슬픔과
두려움으로 잠 못 드는 밤이 많음은
어인 까닭입니까

지금의 제가 지닌 것이라곤
청빈淸貧의 향기 묻은
십자가와 묵주 하나

어린 시절
아버지가 첫영성체 선물로 준
나무 묵주 사이로
황해도 곡산의
고향집 울타리가 보이고
어머니의 얼굴이 보이고
맑은 샘물이 보입니다
연길 수녀원의 빨래터와
6 · 25의 피난길이 보이고
제가 돌보던 밭의 열매들
그리 사랑하던 꽃과 새와
어린 짐승들의 모습이 보입니다

이제 평생의 손때 묻은 이 묵주를
보석처럼 손에 쥔 채
영원히 먼 길을 떠나는 그날
그날은 50여 년 전
제가 첫서원하던 10월의
황홀한 예식처럼
늦가을의 단풍 숲이 불타오르게 하소서
제가 당신께 바치는
마지막 참회의 기도처럼
나뭇잎들이 불타오르다 못해

핏빛으로 무너져 내리게 하소서

언젠가 꿈에 만나
정답게 얘기한 일이 있는
멀고도 가까운 하느님
불타는 단풍 숲의 마지막 사랑이시여

죽음을 잊고 살다가

매일 조금씩
죽음을 향해 가면서도
죽음을 잊고 살다가

누군가의 임종 소식에 접하면
그를 깊이 알지 못해도
가슴속엔 오래도록
찬바람이 분다

'더 깊이 고독하여라'
'더 깊이 아파하여라'
'더 깊이 혼자가 되어라'

두렵고도
고마운 말 내게 전하며
서서히 떠날 채비를 하라 이르며

가을도 아닌데
가슴속엔 오래도록
찬바람이 분다

내 안에 흐르는 시

1

내 안에 흐르는
피와 물처럼
보이지 않게 감추어 둔
생명의 말들

어느 날
시詩가 되어 쏟아지면
밖으로 쏟아진 만큼
나는 아프고
이로 인해 후유증이 심해도
나는 늘 행복하고

2

내 마음의 바다 위에
해초海草처럼 떠다니는
푸른 시상詩想들

힘껏 건져 올리고 나면
이미 퇴색하는 그 빛깔

끝내
햇볕을 보지 못하고
남아 있는 언어들이
하도 많아서

나는
가난하게 살아도
항상 넉넉하구나

3

빈 꽃병의 말

꽃밭에 서면

꽃밭에 서면 큰 소리로 꽈리를 불고 싶다
피리를 불듯이
순결한 마음으로

꽈리 속의 자디잔 씨알처럼
내 가슴에 가득 찬 근심 걱정
후련히 쏟아 내며
꽈리를 불고 싶다

아무도 미워하지 않는 동그란 마음으로
꽃밭에 서면

저녁노을 바라보며
지는 꽃의 아름다움에
흠뻑 취하고 싶다

남의 잘못을
진심으로 용서하고
나의 잘못을

진심으로 용서받고 싶다

꽃들의 죄 없는 웃음소리
붉게 타오르는
꽃밭에 서면

분꽃에게

사랑하는 이를 생각할 때마다
내가 누리는
조그만 천국

그 소박하고도 화려한
기쁨의 빛깔이네
붉고도 노란 —

아무도
눈여겨보지 않는 땅에서도
태양과 노을을 받아 안고
그토록 고운 촛불
켜 들었구나

섣불리 말해 버릴 수 없는
속 깊은 지병持病
그 끝없는
그리움의 향기이네

다시 꽃피울
까만 씨알 하나
정성껏 익혀 둔 너처럼

나도 이젠
사랑하는 이를 위해
기도의 씨알 하나
깊이 품어야겠구나

사르비아의 노래

저 푸른 가을 하늘
물 같은 서늘함으로
내 사랑의 열도熱度 높음을
식히고 싶다

아무리 아름다운 상처라지만
끝내는 감당 못할
사랑의 출혈出血
이제는 조금씩
멈추게 하고 싶다

바람아
너는 알겠니?

네 하얀 붕대를 풀어
피투성이의 나를
싸매 다오

불같은 뜨거움으로

한여름을 태우던
나의 꽃심장이
너무도 아프단다, 바람아

달맞이꽃

당신은 아시지요?
달님

당신의 밝은 빛
남김없이 내 안에
스며들 수 있도록
이렇게 얇은 옷을 입었습니다

해질녘에야
조심스레 문을 여는
나의 길고 긴 침묵은
그대로 나의 노래인 것을,
달님

맑고 온유한
당신의 그 빛을 마시고 싶어
당신의 빛깔로 입었습니다

끝없이 차고 기우는 당신의 모습 따라

졌다가 다시 피는 나의 기다림을
당신은 아시지요?
달님

수국水菊을 보며

기도가 잘 안 되는
여름 오후
수국이 가득한 꽃밭에서
더위를 식히네

꽃잎마다
하늘이 보이고
구름이 흐르고
잎새마다
물 흐르는 소리

각박한 세상에도
서로 가까이 손 내밀며
원을 이루어 하나 되는 꽃

혼자서 여름을 앓던
내 안에도 오늘은
푸르디푸른
한 다발의 희망이 피네

수국처럼 둥근 웃음
내 이웃들의 웃음이
꽃무더기로 쏟아지네

안개꽃

혼자서는
웃는 것도 부끄러운
한 점 안개꽃

한데 어우러져야
비로소 빛이 되고
소리가 되는가

장미나 카네이션을
조용히 받쳐 주는
기쁨의 별 무더기

남을 위하여
자신의 목마름은
숨길 줄도 아는
하얀 겸손이여

할미꽃

손자 손녀
너무 많이 사랑하다
허리가 많이 굽은
우리 할머니

할머니 무덤가에
봄마다
한 송이 할미꽃 피어
온종일 연도煉禱를
바치고 있네

하늘 한번 보지 않고
자주빛 옷고름으로
눈물 닦으며

지울 수 없는 슬픔을
땅 깊이 묻으며

생전의 우리 할머니처럼

오래오래
혼자서 기도하고 싶어
혼자서 피었다
혼자서 사라지네

너무 많이 사랑해서
너무 많이 외로운
한숨 같은 할미꽃

빈 꽃병의 말 1

꽃이여
어서 와서
한 송이의 사랑으로
머물러 다오

비어 있음으로
종일토록 너를 그리워할 수 있고
비어 있음으로
너를 안아 볼 수 있는 기쁨에
목이 쉬도록
노래를 부르고 싶은 나

닦을수록 더 빛나는
고독의 단추를 흰옷에 달며
지금은 창 밖의
바람소릴 듣고 있다

너를 만나기도 전에
어느새 떠나보낼 준비를 하는

오늘의 나에게
꽃이여
어서 와서
한 송이의 이별로 꽂혀 다오

빈 꽃병의 말 2

꽃들을 다 보낸 뒤
그늘진 한 모퉁이에서
말을 잃었다

꽃과 더불어 화려했던
어제의 기억을 가라앉히며
기도의 진주 한 알
입에 물고 섰다
하얀 맨발로 섰다

아무도 오지 않는 텅 빈 가슴에
고독으로 불을 켜는
나의 의지

누구에게도 문 닫는 일 없이
기다림에 눈 뜨고 산다
희망의 잎새 하나
끝내 피워 물고 싶다

등꽃 아래서

차마
하늘을 바라볼 수 없는 것일까
수줍게 늘어뜨린
연보랏빛 꽃타래

혼자서 등꽃 아래 서면
누군가를 위해
꽃등을 밝히고 싶은 마음

나도 이젠
더 아래로
내려가야 하리

세월과 함께
뚝뚝 떨어지는 추억의 꽃잎을 모아
또 하나의 꽃을 피우는 마음으로
노래를 불러야 하리

때가 되면 아낌없이

보랏빛으로 보랏빛으로
무너져 내리는 등꽃의 겸허함을
배워야 하리

아카시아꽃

향기로 숲을 덮으며
흰 노래를 날리는
아카시아꽃

가시 돋친 가슴으로
몸살을 하면서도

꽃잎과 잎새는
그토록
부드럽게 피워 냈구나

내가 철이 없어
너무 많이 엎질러 놓은
젊은 날의 그리움이

일제히 숲으로 들어가
꽃이 된 것만 같은
아카시아꽃

제비꽃 연가

나를 받아 주십시오

헤프지 않은 나의 웃음
아껴 둔 나의 향기
모두 당신의 것입니다

당신이 가까이 오셔야
나는 겨우 고개를 들어
웃을 수 있고
감추어진 향기도
향기인 것을 압니다

당신이 가까이 오셔야
내 작은 가슴속엔
하늘이 출렁일 수 있고
내가 앉은 이 세상은
아름다운 집이 됩니다

담담한 세월을

뜨겁게 안고 사는 나는
가장 작은 꽃이지만
가장 큰 기쁨을 키워 드리는
사랑꽃이 되겠습니다

당신의 삶을
온통 봄빛으로 채우기 위해
어둠 밑으로 뿌리내린 나
비 오는 날에도 노래를 멈추지 않는
작은 시인이 되겠습니다

나를 받아 주십시오

4
겨울 아가雅歌

삼월의 바람 속에

어디선지 몰래 숨어들어 온
근심, 걱정 때문에
겨우내 몸살이 심했습니다

흰 눈이 채 녹지 않은
내 마음의 산기슭에도
꽃 한 송이 피워 내려고
바람은 이토록 오래 부는 것입니까

삼월의 바람 속에
보이지 않게 꽃을 피우는
당신이 계시기에
아직은 시린 햇볕으로
희망을 짜는
나의 오늘

당신을 만나는 길엔
늘상
바람이 많이 불었습니다

살아 있기에 바람이 좋고
바람이 좋아 살아 있는 세상

혼자서 길을 가다 보면
보이지 않게 나를 흔드는
당신이 계시기에
나는 먼 데서도
잠들 수 없는 삼월의 바람
어둠의 벼랑 끝에서도
노래로 일어서는 삼월의 바람입니다

봄 일기

지난 겨울
추위의 칼로 상처받은 아픔,
육교의 낡은 층계처럼
삐걱이는 소리를 내던 삶의 무게도
지금은 그대로 내 안에 녹아 흐르는
눈물이 되었나 보다

이 눈물 위에서
생명의 꽃을 피우는
미나리 빛깔의 봄

잠시 일손을 멈추고
어린이의 눈빛으로
하늘과 언덕을 바라보고 싶다
냉이꽃만한 소망의 말이라도
이웃과 나누고 싶다

봄에도 바람의 맛은 매일 다르듯이
매일을 사는 내 마음의 빛도

조금씩 다르지만
쉬임 없이 노래했었지

쑥처럼 흔하게 돋아나는
일상日常의 근심 중에도
희망의 향기로운 들꽃이
마음속에 숨어 피는 기쁨을—

언제나 진달래빛 설레임으로
사랑하는 이를 맞듯이
매일의 문을 열면
안으로 조용히
빛이 터지는 소리
봄을 살기 위하여
내가 열리는 소리

오월의 아가

칼로 물을 베는 식의
사랑싸움을
참
많이도 했습니다

하느님,
아름답다 못해 쓸쓸한
당신과의 싸움은
늘 나의 눈물로
끝이 났지만
눈물을 통해서만
나는
새로이 철드는
당신의 아이였습니다

푸른 보리를 키우는
오월의 대지처럼
나를 키우는 당신
가슴에 새를 앉히는

오월의 미루나무처럼
나를 받아 주시는 당신

당신께 감히 싸움을 거는 것은
오월의 찔레꽃 향기처럼
먼 데까지 도달해야 할
내 사랑의 시작임을
믿어 주십시오, 하느님

유월 숲에는

초록의 희망을 이고
숲으로 들어가면

뻐꾹새
새 모습은 아니 보이고
노래 먼저 들려오네

아카시아꽃
꽃 모습은 아니 보이고
향기 먼저 날아오네

나의 사랑도 그렇게
모습은 아니 보이고

늘
먼저 와서
나를 기다리네

눈부신 초록의

노래처럼
향기처럼

나도
새로이 태어나네

유월의 숲에 서면
더 멀리 나를 보내기 위해
더 가까이 나를 부르는 당신

여름 일기 1

여름엔

햇볕에 춤추는 하얀 빨래처럼

깨끗한 기쁨을 맛보고 싶다

영혼의 속까지 태울 듯한 태양 아래

나를 빨아 널고 싶다

여름엔

햇볕에 잘 익은 포도송이처럼

향기로운 매일을 가꾸며

향기로운 땀을 흘리고 싶다

땀방울마저도 노래가 될 수 있도록

뜨겁게 살고 싶다

여름엔

꼭 한 번 바다에 가고 싶다

바다에 가서

오랜 세월 파도에 시달려 온

섬 이야기를 듣고 싶다

침묵으로 엎디어 기도하는 그에게서
살아가는 법을 배워 오고 싶다

여름 일기 2

오늘 아침
내 마음의 밭에는
밤새 봉오리로 맺혀 있던
한마디의 시어詩語가
노란 쑥갓꽃으로 피어 있습니다

비와 햇볕이
동시에 고마워서
자주 하늘을 보는 여름

잘 익은 수박을 쪼개어
이웃과 나누어 먹는
초록의 기쁨이여

우리가 사는 지구 위에도
수박처럼 둥글고 시원한
자유와 평화
가득한 여름이면 좋겠습니다
오늘 아침 나는

다림질할 흰옷에
물을 뿌리며 생각합니다

우울과 나태로
풀기 없던 나의 일상日常을
희망으로 풀 먹여 다림질해야겠음을

지금쯤 바삐 일터로 향하는
나의 이웃을 위해
한 송이의 기도를 꽃피워야겠음을

가을 노래

하늘은 높아 가고
마음은 깊어 가네

꽃이 진 자리마다
열매를 키워 행복한
나무여, 바람이여

슬프지 않아도
안으로 고여 오는 눈물은
그리움 때문인가

가을이 오면
어머니의 목소리가 가까이 들리고
멀리 있는 친구가 보고 싶고
죄 없어 눈이 맑았던
어린 시절의 나를 만나고 싶네

친구여,
너와 나의 사이에도

말보다는 소리 없이
강이 흐르게
이제는 우리
더욱 고독해져야겠구나
남은 시간 아껴 쓰며
언젠가 떠날 채비를
서서히 해야겠구나

잎이 질 때마다
한 움큼의 시詩들을 쏟아 내는
나무여, 바람이여

영원을 향한 그리움이
어느새 감기 기운처럼 스며드는 가을

하늘은 높아 가고
기도는 깊어 가네

눈 내리는 날

눈 내리는 겨울 아침
가슴에도 희게 피는
설레임의 눈꽃

오래 머물지 못해도
아름다운 눈처럼
오늘을 살고 싶네

차갑게 부드럽게
스러지는 아픔 또한
노래하려네

이제껏 내가 받은
은총의 분량만큼
소리 없이 소리 없이 쏟아지는 눈
눈처럼 사랑하려네

신神의 눈부신 설원에서
나는 하얀 기쁨 뒤집어쓴
하얀 눈사람이네

겨울 아가 1

눈보라 속에서 기침하는
벙어리 겨울나무처럼
그대를 사랑하리라

밖으로는 눈꽃을
안으로는 뜨거운 지혜의 꽃 피우며
기다림의 긴 추위를 이겨 내리라

비록 어느 날
눈사태에 쓰러져
하얀 피 흘리는
무명無名의 순교자가 될지라도
후회 없는 사랑의 아픔
연약한 나의 두 팔로
힘껏 받아 안으리라

모든 잎새의 무게를 내려놓고
하얀 뼈 마디 마디 봄을 키우는
겨울나무여

나도 언젠가는
끝없는 그리움의 무게를
땅 위에 내려놓고 떠나리라

노래하며 노래하며
순백純白의 눈사람으로
그대가 나를 기다리는
순백의 나라로

겨울 아가 2

하얀 배추속같이
깨끗한 내음의 12월에
우리는 월동 준비를 해요

단 한마디의 진실을 말하기 위해
헛말을 많이 했던
우리의 지난날을 잊어버려요

때로는 마늘이 되고
때로는 파가 되고
때로는 생강이 되는
사랑의 양념

부서지지 않고는
아무도 사랑할 수 없음을
다시 기억해요

함께 있을 날도
얼마 남지 않은 우리들의 시간

땅속에 묻힌 김장독처럼
자신을 통째로 묻고 서서
하늘을 보아야 해요

얼마쯤의 고독한 거리는
항상 지켜야 해요

한겨울 추위 속에
제 맛이 드는 김치처럼
우리의 사랑도 제 맛이 들게
참고 기다리는 법을 배워야 해요

겨울 엽서

오랜만에 다시 온
광안리 수녀원의
아침 산책길에서
시를 줍듯이
솔방울을 줍다가 만난
한 마리의 고운 새

새가 건네 준
유순한 아침 인사를
그대에게 보냅니다

파밭에 오래 서서
파처럼 아린 마음으로
조용히 끌어안던 하늘과 바다의
그 하나된 푸르름을
우정의 빛깔로 보냅니다

빨간 동백꽃잎 사이사이
숨어 있는 바람을

가만히 흔들어 깨우다가
멈추어 서서 듣던 종소리

맑음의 여운이 하도 길어
영원에까지 닿을 듯한
수녀원의 종소리도 보내니
영원한 마음으로 받아 주십시오

새해 아침에

창문을 열고
밤새 내린 흰 눈을 바라볼 때의
그 순결한 설레임으로
사랑아,
새해 아침에도
나는 제일 먼저
네가 보고 싶다
늘 함께 있으면서도
새로이 샘솟는 그리움으로
네가 보고 싶다
새해에도 너와 함께
긴 여행을 떠나고
가장 정직한 시를 쓰고
가장 뜨거운 기도를 바치겠다

내가 어둠이어도
빛으로 오는 사랑아,
말은 필요 없어
내 손목을 잡고 가는 눈부신 사랑아,

겨울에도 돋아나는
내 가슴속 푸른 잔디 위에
노란 민들레 한 송이로
네가 앉아 웃고 있다

날마다 나의 깊은 잠을
꿈으로 깨우는 아름다운 사랑아
세상에 너 없이는
희망도 없다
새해도 없다

내 영혼 나비처럼
네 안에서 접힐 때
나의 새해는 비로소
색동의 설빔을 차려입는다
내 묵은 날들의 슬픔도
새 연두저고리에
자줏빛 끝동을 단다

5
시간의 얼굴
— 단상들

시간의 얼굴

1

흰옷 입은 사제처럼 시간은 새벽마다 신의 이름으로 우주를 축성하네. 오래되어도 처음 본 듯 새로운 시간의 얼굴. 그는 가기도 하지만 오는 것임을 나는 다시 생각해 보네. 오늘도 그 안에 새로이 태어나네.

2

나이 들수록 시간은 두려움의 무게로 다가서지만 이제 그와는 못할 말이 없다. 슬픔도, 기쁨도, 사랑도, 미움도 그에겐 늘 담담한 목소리로 말할 수 있다.

3

내가 원치 않는 필름까지 낱낱이 현상해 두었다가, 어느 날 내게 짓궂게 들이대는 사진사처럼 시간 앞엔 나를 조금도 속일 수 없다. 그 앞엔 참 어쩔 수 없다.

4

어느 날, 시간이 내게 보낸 한 장의 속달 엽서를 읽는다. '나를 그냥 보내 놓고 후회한다면 그건 네 탓이야, 알았지? 나를

사랑하지 않은 하루는 짠맛 잃은 소금과 같다니까, 알았지?'

5

내가 게으를 때, 시간은 종종 성을 내며 행복의 문을 잠가 버린다. 번번이 용서를 청하는 부끄러운 나와 화해한 뒤, 슬며시 손을 잡아 주는 시간의 흰 손은 따스하고 부드럽다.

6

자목련 꽃봉오리 속에 깊이 숨어 있던 시간들이 내게 사랑의 수화手話를 시작한다. 소리 없이도 우리는 긴 말을 할 수 있다. 금방 친해질 수 있다.

7

기도 안에서 항아리에 가득 채워 둔 나의 시간들. 이웃을 위해 조금씩 그 시간을 꺼내 쓰면 어느새 신神이 오시어 내가 쓴 것보다 더 많은 분량을 채워 주신다.

8

내가 깨어 있을 때만 시간은 내게 와서 빛나는 소금이 된다. 염전鹽田에서 몇 차례의 수련을 끝내고 이제는 환히 웃는 하얀 결정체. 내가 깨어 있을 때만 그는 내게 와서 꼭 필요한 소금이 된다.

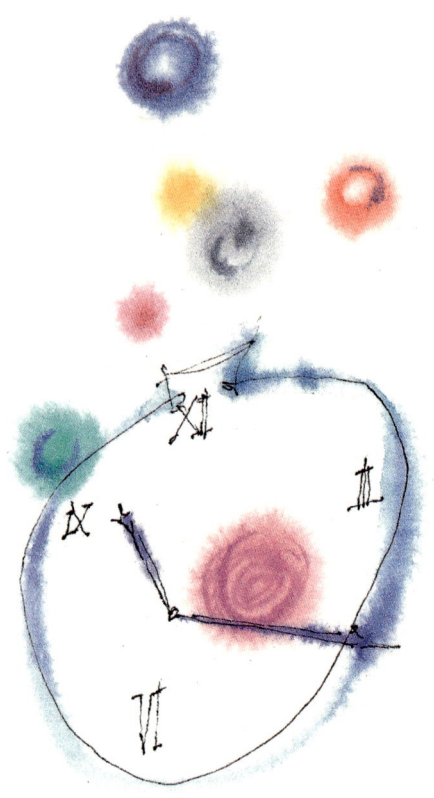

9

　침묵의 시간이 피워 낸 한 송이의 눈부신 말의 꽃. 신神이 축복하신 그 희디흰 꽃잎 위에 오늘의 햇살과 함께 한 마리의 고운 나비를 앉히고 싶다.

10

　어느 날, 시詩로 태어날 나의 언어들을 시간의 항아리에 깊이 묻어 놓고, 오래오래 기다리며 사는 기쁨. 한 잔의 향기로운 포도주로 시가 익기도 전에 내가 이 세상을 떠난다 해도 시간은 돌보아 줄까. 썩어서야 향기를 풍길지 모르는 나의 조그만 언어들을.

11

　한 마리의 자벌레처럼 나는 매일 시간을 재며 걷지만, 시간은 오히려 넉넉한 눈길로 나를 기다릴 줄 아네. 내가 모르는 사이에도 곱게 피었다 지는 한 송이 보랏빛 붓꽃처럼, 자연스럽게 왔다가 자연스럽게 사라지는 조용한 시간이여.

12

　시간은 날마다 지혜를 쏟아 내는 이야기책. 그러나 책장을 넘겨야만 읽을 수 있지. 살아 있는 동안 읽을 게 너무 많아 나는 행복하다. 살아갈수록 시간에겐 고마운 게 무척 많다.

13

시간이 어둠 속에 나를 깨운다. 잠 속에 뒹구는 어제의 꿈을 미련 없이 털어 내고, 신이 나를 기다리는 아침의 숲으로 가자고 한다.

14

종소리 속에 음악이 되어 실려 오는 수도원의 시간. 제단 위의 촛불로 펄럭이며 나를 부르는 시간. 높게, 넓게 그리고 더 깊이 기도할수록 시간은 거룩하다. 조용히 내게 와서 노래가 된다.

15

죽음이 모든 것을 무無로 돌린다 해도 진실히 사랑했던 그 시간만은 영원히 남지.

16

죽지 않고는 사랑을 증거할 수 없던 예수의 시간. 눈물 없이는 아들을 기다릴 수 없던 마리아의 시간. 의심하지 않고는 믿을 수 없던 제자들의 시간. 믿고, 기다리고, 사랑하는 사람들의 힘들고 아픈 시간. 이 모든 시간들 속에 거듭거듭 태어나고 성장하는 너와 나의 삶.

17

시간이 내게 와서 말을 거네. 슬픔 중에도 마음을 비우면 맑은 노래를 부를 수 있다고. 미래는 불확실해도 죽음만은 확실한 것이니 잘 준비하라고 ….

18

시간을 따라 끝까지 가면, 잘 참고 견디면, '진리가 너희를 자유롭게 하리라'는 예수의 말씀을 좀더 깊이 알아들을 수 있을까. 목숨 바친 봉헌의 삶이어도, 아직 자유인이 못 된 나는 때때로 울면서 하늘을 보네.

19

무서운 태풍 속에 나를 질책하던 시간의 목소리. 그 부드러움과 여유는 다 어디로 갔을까? 물난리에 휩쓸려 간 내 이웃들이 목쉰 소리로 나를 부르는 밤. 나는 어찌할 바를 몰라 흰 벽 위의 십자가만 바라보며 잠 못 이루네.

20

사랑하는 이의 무덤 위에, 시들지 않는 슬픔 한 송이 꽃으로 피워 놓고 산에서 내려오는 길. 사랑으로 피 흘리며 행복했던 우리의 지난 시간들이 노을 속에 타고 있네. 죽음이 끝이 아님을 믿고 또 믿으며 젖은 마음으로 내려오는 길. '그래도 열심히 살아야 해. 기쁘게 살아야 해'라고 어느새 내 곁에 와서 신음하듯 뇌며 나를 부축하는 오늘의 시간이여.

사랑은 어디서나

1

사랑은 어디서나 마음 안에 파문波紋을 일으키네. 연못 위에 떨어지는 빗방울처럼 동그란 기쁨과 고통이 늘 함께 왔다 사라지네.

2

사랑하면 언제나 새 얼굴이 된다. 엄마의 목을 끌어안고 입 맞춤하는 어린아이처럼 언제나 모든 것을 신뢰하는 맑고 단순한 새 얼굴이 된다.

3

몹시 피로할 때, 밀어내려 밀어내려 안간힘 써도 마침내 두 눈이 스르르 감기고 마는 잠의 무게처럼 사랑의 무게 또한 어쩔 수 없다. 이 무게를 매일 즐겁게 받아들이며 살아갈 힘을 얻는다.

4

어느새 내 안에 들어와 살고 있는 그. 이미 그의 말로 나의 말을 하고도 나는 놀라지 않는다. 오래된 결합에서 오는 물과

같은 부드러움과 자연스러움. 사람들은 이런 것을 아름답다고 말한다. 나는 늘 그가 시키는 대로 말할 뿐인데도….

5

풀빛의 봄, 바다빛의 여름, 단풍빛의 가을, 눈(雪)빛의 겨울… 사랑도 사계절처럼 돌고 도는 것. 계절마다 조금씩 다른 빛을 내지만 변함없이 아름답다. 처음이 아닌데도 처음인 듯 새롭다.

6

준다고 준다고 말로는 그러면서도 실은 더 많이 받고 싶은 욕심에 때로는 눈이 멀고, 그래서 혼자서도 부끄러워지는 것이 사랑의 병인가. 그러나 받은 사랑을 이웃과 나누어 쓸수록, 그 욕심은 조금씩 치유되는 게 아닐까.

7
쓰레기통 옆에 핀 보랏빛 엉겅퀴의 강인한 모습과도 같이, 진실한 사랑은 언제 어디서나 그렇게 당당하면서도 겸손하다.

8
사랑이란 말에는 태풍이 들어 있고, 화산이 들어 있다. 미풍이 들어 있고 호수가 들어 있다.

9
사랑은 씀바귀 맛. 누구도 처음엔 그 맛을 제대로 알지 못한다. 가는 세월 아끼며, 조심스레 씹을수록 제 맛을 안다.

10
내가 그에게 보내는 사랑의 말은 오월의 유채꽃밭에 날아다니는 한 마리의 흰나비와 같다. 수많은 나비들과 한데 어울려 춤을 추어도 그는 내 모습을 용케 알아차린다.

11
사랑은 이사를 가지 않는 나의 집. 이곳에 오래 머물러, 많은 이웃을 얻었네. 내가 이 집을 떠나고 나면 나는 금방 초라해지고 말지.

12

사랑할 때 바다는 우리 대신 말해 주네. 밤낮 설레는 우리네 가슴처럼 숨찬 파도를 이끌며 달려오네. 우리가 주고받은 숱한 이야기들처럼 아름다운 조가비들을 한꺼번에 쏟아 놓고, 저만치 물러서는 파도여, 사랑이여.

13

그에게서만은 같은 말을 수백 번 들어도 지루하지 않다. 그와 만나는 장소는 늘 같은 곳인데도 새롭기만 하다.

14

현미경으로 들여다본 식물 세포처럼 사랑의 말과 느낌은 섬세하고 다채롭다.

15

꽃에게, 나무에게, 돌에게조차 자꾸만 그의 이름을 들려주고 싶은 마음. 누가 묻지도 않는데도 내가 그를 사랑하고 있음을, 그로부터 사랑받고 있음을, 하루에도 열두 번 알리고 싶은 마음.

사랑할수록 바보가 되는 즐거움.

16

어디서나 그를 기억하는 내 가슴속에는, 논바닥에 심겨진 어린 모처럼 새파란 희망의 언어들이 가지런히 싹을 틔우고 있다. 매일 물을 마시며, 나와 이웃의 밥이 될 기쁨을 준비하고 있다.

17

사랑이 나에게 바다가 되니 나는 그 바다에 떨어져 녹아내리는 한 방울의 물이 되어 사네. 흔적도 없이 사라지면서 태어남을 거듭하는 한 방울의 물 같은 사랑도 영원하다는 것을 나는 당신 안에 흐르고 또 흐르는 물이 되어 생각하네.

18

사랑은 파도타기. 일어섰다 가라앉고 의심했다 확신하고 죽었다가 살아나는 파도 파도 파도.

비 오는 날에

1

비를 맞고 일어서는 강, 일어서는 바다, 내 안에도 갑자기 물난리가 나네. 사랑하고 싶은 마음의 소나기를 감당 못하는 기쁨이여.

2

온종일 사선斜線으로 나를 적시는 비. 나도 몰래 내가 키운 일상日常의 안일함을 채찍질하는 목소리로 나를 깨워 일으키는 눈물이여.

3

비가 너무 많이 와도 우리는 울고 비가 너무 오지 않아도 우리는 운다. 눈물로 마음을 적시지만 아름다운 사랑처럼 오늘도 세상을 적시는 꼭 필요한 비야, 생명을 적시기 위해 눈물일 수밖에 없는 비야.

4

삶이란 한바탕 쏟아졌다 어느새 지나가는 비와 같은 것. 폭풍 속에서 "큰일 났다, 큰일 났다" 말하다가도 지나고 나면 다시 개인 하늘 보며 새롭게 웃어 보는—

5

먼지 뒤집어쓰고 피부병을 앓고 있는 도시의 꽃과 나무들을 씻어 주는 비야, 갈라진 논바닥에 떨어져 생수가 되는 비야, 그리고 오늘은 내 가슴을 적시며 마음 놓고 참회의 시가 되는 비야. 씻고 또 씻어 내도 다시 그을음이 생기는 나의 일상엔 다시 내리는 비처럼 크고 작은 허물들이 참 많기도 하구나, 쏟아지는 비처럼.

6

하얀 비가 내리네. 죽어서도 잊혀진 무명無名의 순교자의 뼈처럼 희고 단단한 슬픔, 더디 부서지는 슬픔의 조각들이 하도 많은 이 땅에 오늘은 하얀 비가 내리네.

7

우산도 받지 않고 빗속으로 황망히 뛰어들던 벗이여, 함께 쏟아지는 빗줄기가 각각 홀로이듯이 함께 사는 우리도 각각 홀로임을 깨닫는 비 오는 날 아침. 우리의 젊음이 너무 빨리 가 버린다 해도 아직은 갈 길이 멀구나. 얻기 위하여 버릴 것들이 너무 많구나.

8

비를 맞고 더욱 환해진 꽃밭의 꽃들을 보며 슬픔의 눈물을 흘린 뒤에 더욱 아름다워진 한 사람을 생각한다. 대지가 비를 필요로 하듯 사람에겐 꼭 눈물이 필요하다.

9

내가 사랑했고 나를 사랑했던 젖은 얼굴들이 보이네. 열기를 식혀서 더욱 담담하고 편안해진 참 오래된 사랑의 눈길로 그들이 나를 바라보네. 마른 가슴 가득히 고여 오는 물살을 감당 못해 나는 처음으로 비와 함께 시인이 되네.

10

젖지 않으려고 비옷을 입어도 소용없듯이 장마철이 아니어도 계속되는 그대의 소나기 같은 사랑의 말에 나는 내내 젖지 않을 수가 없네.

11

이른 아침부터 쏟아지는 소나기의 4부 합창. 오랜 세월 연꽃처럼 피워 올린 나의 조용한 기도에 대한 힘찬 응답의 소리로 오늘은 비의 노래를 듣는다.

12

기다릴 땐 안 오다가 문득 예고 없이 나의 창을 두드리는 비처럼 나의 죽음도 언젠가 그렇게 올 테지. 미리 문을 열어 두자.

산 위에서

1

산을 향한 내 마음이 너무 깊어서 산에 대한 이야기를 섣불리 하지 못했다. 마음에 간직했던 말을 글로 써 내려고 하면 왜 이리 늘 답답하고 허전해지는 걸까.

2

나무마다에 목례를 주며 산에 오르면 나는 숨이 가빠지면서 나의 뼈와 살이 부드러워지는 소리를 듣는다. 고집과 불신으로 경직되었던 나의 지난 시간들이 유순하게 녹아내리는 소리를 듣는다.

3

산에서는 시와 음악이 따로 필요 없다. 모든 존재 자체가 시요 음악인 것을 산은 나에게 조금씩 가르쳐 준다. 날마다 나를 길들이는 기쁨을, 바람에 서걱이는 나무 잎새 소리로 전해 주는 산.

4

내가 절망할 때 뚜벅뚜벅 걸어와 나를 일으켜 주던 희망의 산. 산처럼 살기 위해 눈물은 깊이 아껴 두라 했다. 내가 죽으면 편히 쉴 자리 하나 마련해 놓고 오늘도 조용히 내 이름을 부르는 산. 살아서도 남에게 잊혀지는 법을 처음부터 잘 익혀 두라 했다. 보고 나서 돌아서면 또 보고 싶은 기다림의 산.

5
산에서는 아무도 말을 하지 않는다. 돌과 나무와 이끼처럼 그의 품에 안겨 기도할 뿐이다. 소나무 빛 오래된 나의 사랑도 침묵 속에 깊어진 것을 나는 비로소 산에 와서 깨닫는다. 산을 닮은 한 분을 조용히 생각할 뿐이다.

6
깊은 산 옹달샘에서 물을 떠 마시며 문득 생각하네, 사랑은 자연 그대로의 물맛인 것을. 물 위에 그리운 얼굴 하나 떠올리며 또 생각하네, 사랑은 있는 그대로의 물맛인 것을.

7
노래하는 마음으로 풀꽃을 따면 옷에도 가슴에도 풀물이 드네. 풀독이 오른 내 하얀 오른팔 위에 찍혀 있는 눈부신 아침. 내 영혼의 속살까지 풀물이 드는 첫 기쁨이여.

8
시詩를 노래하면 새가 된다고 — 산에서 나와 눈길이 마주

친 한 마리의 귀여운 새가 일러 준 말. 쓰지 않고 품기만 해도 빽빽한 일상의 숲을 가벼운 몸짓으로 날아갈 수 있다고 오늘 아침 산에서 만난 자유의 새가 일러 준 말.

9

산에서 비에 젖은 바위를 보면, 어린 시절 친구들과 산에 올라 꽃놀이를 하다가 갑자기 큰 비를 만나 울면서 산을 내려왔던 일이 생각난다. 그때는 산이 참 무서웠다. 그때 나와 함께 산에 갔던 친구들은 지금 어디에서 무엇을 하고 있을까. 그들도 비 오는 날의 산을 보면 문득 어린 시절의 내 모습을 기억하며 궁금해할지도 몰라.

10

그 누구를 용서할 수 없는 마음이 될 때 그 마음을 묻으려고 산에 오른다. 산의 참 이야기는 산만이 알고, 나의 참 이야기는 나만이 아는 것. 세상에 사는 동안 다는 말 못할 일들을 사람은 저마다의 가슴속에 품고 산다. 그 누구도 추측만으로 그 진실을 밝혀 낼 수는 없다. 꼭 침묵해야 할 때 침묵하기 어려워 산에 오르면 산은 침묵으로 튼튼해진 그의 두 팔을 벌려 나를 안아 준다. 좀더 참을성을 키우라고 내 어깨를 두드린다.

11

산에서 바다를 내려다보면 시커먼 연기에 그을린 도시의 얼굴을 씻겨 주고 싶다. 나도 모르는 새 정이 든 이 항구도시에서 같은 배를 타고 사는 이웃의 목마름을 축여 주고 싶다. 산에서는 바다가 더욱 가까이 있다. 잊었다가 다시 만난 옛 친구의 낯익은 얼굴처럼.

해질녘의 바다에서

1

해질녘의 바다에 홀로 서서 마지막 기도처럼 어머니를 부르면, 나도 어머니가 된다. 세월과 함께 깊어 가는 사랑을 어쩌지 못해 그저 출렁이고 또 출렁이는 것밖엔 달리 할 말이 없는 파도치는 가슴의 어머니가 된다.

2

바다에서 오랜만에 건져 올린 나의 시어詩語들에선 늘 비릿한 파래 내음이 난다. 얼마나 더 오래 말려 두어야 비로소 하나의 시가 될 수 있을까.

3

아름답고 쓸쓸하다. 고요하고 평화롭다. 해질녘의 바다는…. 하루의 일과를 끝내고 촛불이 타오르는 기도실에 고요히 무릎 꿇고 있는 내 마음처럼.

4

바다에 나가 멀리 수평선을 바라보면 지금껏 나만을 생각했던 일을 바다에게 그만 들켜 버린 것 같아 매우 부끄럽다. 이 세상 모든 이를 사랑하고 용서하며 한마디의 기도라도 날마다 남을 위해 바치고 싶다. 내가 할 일도 조금씩 줄이면서 좁은 마음을 넓은 마음으로 바꾸어 오고 싶다.

5

내가 사랑한 것보다 몇 배나 많이 받아서 더 무거운 살아 있음의 무게, 사랑의 빚을 진 사람의 무게. 이 무게를 바다에 내려놓고, 오늘은 남빛 옷을 걸치고 있는 끝없는 수평선 위에 내 마음을 눕힌다.

6

바다! 영원을 향한 그리움은 처음부터 그에게 배웠다. 그는 무작정 나를 기다려 주는데, 어느 때나 열려 있는 푸른 문인데, 나는 왜 종종 그가 두려울까.

7

지는 해를 바라보는 저녁 바다에 서면 이 세상 모든 것이 다 사라져 가는 것임을 다시 한번 기억하게 해 주십시오.

사랑은 남아도, 사랑했던 사람들은 매일 조금씩 죽음의 바다 속으로 침몰해 가는 것임을 다시 한번 새로이 기억하게 해 주십시오.

8

내가 저녁기도를 바치면 어느새 내 옆에 와서 시편을 읊는 바다. 더 낮아지라고 한다. 더 낮은 목소리로 기도하며 겸손의 해초海草가 자라는 물 밑으로 더 깊이 내려가라고 한다.

9

무엇이 배고픈가, 오늘은 바다가 울고 있네. 내 탓으로 흘려 버린 사랑의 시간들을 채 줍지 못해 안달을 하던 내가 가슴을 움켜쥐고 그 바다에 누워 아이처럼 울고 있네.

10

저녁노을 가슴에 안고 온몸으로 하프를 켜는 바다, 나는 한 마리 새가 되어 춤을 추네. 물 위에 앉아 잠시 뜨거운 그리움 식히다가 다시 일어서서 춤을 추는 새가 되네.

11

해질녘 바다에 서면 나는 섬이 되고 싶어. '함께'이면서도 '홀로'일 줄 아는, 당당하면서도 겸손한, 고독하면서도 행복한, 하나의 섬으로 솟아오르고 싶어. 세상이란 큰 바다 위에 작지만 힘차게 온몸으로 노래하며 떠 있는 희망의 섬이고 싶어.

6

어머니가 계시기에
— 전례력에 따른 기도시 모음

대림절

당신의 목소리를 들으며
― 세례자 요한께

진리와 정의
자유와 평화가 승리하지 못해
오늘도 많은 이들이 울고 있는
이 시대의 어둠이 깊어 갈수록
더 가까이 들려오는
세례자 요한의 목쉰 소리

"회개하라"
"주의 길을 닦으라"
거듭 외치는 그 목소리에
우리는 저마다 귀를 세우고
겨울바람이 신음하는
황량한 들판을 바라봅니다

온 세상을 길이신 예수로 가득 채우고자
길을 고르게 하라고 외치는
당신의 음성이 커지면 커질수록

두려움에 보채는 마음들을 보십시오
길을 닦고 고르지 못한 부끄러움에
자꾸만 움츠러드는 마음들을
희망으로 일으켜 세워 주십시오
시대의 어둠만 탓하고
자신의 어둠은 탓하지 않는 우리의 우매함을
깨닫게 하여 주십시오

믿고 회심하지 않으면
마음을 비우고 겸손하지 않으면
결코 구세주 예수를 만날 수 없음을
모든 이에게 깨우쳐 주시려고
광야의 목소리가 되신 요한이여
갈 길을 보여 주신 당신께 감사하며
우리를 깨워 흔드는 그 목소리를
항상 잊지 않고 살겠습니다

온 세상을 빛이신 예수로 가득 채우고자
죄의 어둠 몰아내라 외치며
당신은 '빛의 그림자'로
물러서길 원했던 세례자 요한이여

주님과 이웃을 높이며

자신을 낮추는 가운데
하늘나라를 향한 우리네 삶의 길도
더욱 고르어지게 하십시오

교만과 불신
이기심과 허영심의 언덕이
겸허한 사랑의 불길로
무너져 내리게 하십시오

그리하여 어느 날
우리도 당신처럼
주님 만난 기쁨을
온 세상에 선포하는
희망의 예언자이게 하십시오
이웃을 주님께 데려가는
사랑의 안내자이게 하십시오

1987. 12. 『새벽』

성탄 1

성탄 밤의 기도

낮게 더 낮게
작게 더 작게 아기가 되신 하느님
빛의 예수여
모든 이가 당신을 빛이라 부르는 오늘 밤은
이 지상에서 가장 아름다운 밤
빛으로 오시는 당신을 맞이하여
우리도 한 점 빛이 되는
빛나는 성탄 밤입니다

죽음보다 강한 지극한 사랑 때문에
우리와 똑같은 인간의 모습을 지니시고
'세상'이라는 구유, 우리 '마음'이라는 구유 위에
아기로 누워 계신 작은 예수여,
진정 당신이 오시지 않으셨다면
우리에겐 아무런 희망도 없습니다, 기쁨도 없습니다
평화도 없습니다, 구원도 없습니다
당신의 오심으로 우리는
희망과 기쁨 속에 다시 살게 되었습니다

평화와 구원의 의미를 깊이 헤아리게 되었습니다

티 없이 맑고 천진한 당신이 누우시기엔
너무도 어둡고 혼탁한 세상이오나 어서 오십시오
진리보다는 불의가 커다란 언덕으로 솟고
선보다는 악이 승리하는 이 시대의
산 같은 어둠을 허물어 내기 위하여
어서 오십시오
죄 없는 당신이 누우시기엔
너무도 죄 많은 우리 마음이오나 어서 오십시오
자유의 주인이길 원하면서도
율법과 이기심의 노예로 떨어진 어둠,
빛이신 당신을 온전한 사랑과 믿음으로 받아들이지 못한
나태한 마음의 어둠을 몰아내기 위하여 어서 오십시오

우리는 오늘 하늘의 천사들처럼
참을 수 없는 기쁨을 노래로 찬미합니다
밤길을 달려온 목동들처럼
놀라움과 설레임으로 당신께 인사합니다

당신을 낳은 성모 마리아와 함께
당신을 따르는 겸손과 사랑의 길을 선택합니다
성가정의 길잡이신 성 요셉과 함께

충성스런 믿음과 인내의 길을 선택합니다

낮게 더 낮게 아기가 되신 하느님
침묵의 빛 속에 말씀으로 누워 계신 빛의 예수여,
'당신을 사랑합니다'
이것이 우리가 당신께 드리는
처음과 끝의 가장 소박하고 진실한 기도이게 하소서

비록 가진 것 없어도 당신을 사랑하는 마음만으로
행복한 부자인 우리 자신을 축복하소서
나자렛 성가정을 본받아 평화의 빛 속으로
많은 이를 불러 모으려는 우리 한국 성교회를 ―
우리가 당신을 업고 뛰어가서
당신의 깊은 사랑을 보여 주어야 할 수많은 이웃들을
기억하는 이 거룩한 밤
당신을 빛이라 부름으로
우리도 당신과 더불어 한 점 빛이 되는
이 고요한 기도의 밤

빛의 예수여, 당신께 받은 빛이
꺼짐 없이 우리 안에 타오르게 하소서
매일의 삶 속에서 당신의 성탄이 이루어지게 하소서, 아멘

1985. 12.

성탄 2

당신이 오신 날 우리는

당신이 어린이로 오신 날 우리는
아직 어린이가 되지 못한
복잡한 생각과 체면의 무게를 그대로 지닌 채
당신 앞에 서 있습니다

예수님, 어서 오십시오
비록 당신을 모시기엔 부끄러운 가슴이오나
당신을 기꺼이 안아 드리겠습니다

우리 모두 당신을 안고
당신처럼 단순하고, 정직하고
겸손할 수 있는 용기를 배우게 해 주십시오
당신과 함께 따뜻하고 온유한
어린이의 마음으로 다시 태어나고 싶습니다

당신이 빛으로 오신 날 우리는
아직 살라 버리지 못한 죄의 어둠 그대로 지닌 채
당신께 왔습니다

예수님, 어서 오십시오
비록 허물투성이의 삶일지라도
당신의 빛을 따르면 길이 열리오니
오직 당신만을 따르겠습니다

빛을 가리는 욕심의 어둠
불신의 어둠을 몰아내고
당신의 빛 안에 새로운 삶을
다시 시작하게 해 주십시오

당신이 사랑으로 오신 날 우리는
아직 사랑의 승리자가 되지 못한 부끄러움
그대로 안고 당신 앞에 서 있습니다

예수님, 어서 오십시오
너무 큰 사랑 앞에 드릴 말씀 없어지는
감사의 밤

늘 받기만 하고
당신께는 드릴 것이 부족한
우리의 가난함을 용서하십시오

우리의 힘만으로는 헤어날 수 없는

이기심과 무관심의 깊은 수렁에서
우리를 구해 주시고
당신의 은총으로 우리를
보다 자유로운 사랑의 사람이 되게 해 주십시오

이 세상에 어린이로 오신 하느님의 탄생
이 세상에 빛과 사랑으로 오신 하느님의 탄생

우리가 보고 들은 이 놀라운 일을
다시 믿게 하여 주십시오
믿을수록 놀라운 이 일을
가장 기쁜 소식으로 다시 말하게 해 주십시오
그리하여 이 세상 모든 이가
구원을 얻게 하여 주십시오

불의와 증오와 폭력을 녹이는
당신의 정의, 당신의 용서, 당신의 평화가
세상 곳곳에 스며드는 물이 되게 하십시오

예수님, 당신이 오신 날 우리는 비로소
처음으로 타오르는 축제의 촛불입니다
처음으로 제 소리를 내는 악기입니다
그리고 당신의 은혜로 장식된

한 그루의 아름다운 성탄 나무입니다

색종이를 오려서
우리 집 유리창에 별을 달듯이
오늘은 우리 마음의 창마다
당신의 이름을 별처럼 걸어 놓고
당신이 오신 기쁨을 노래합니다

우리를 향한 당신의 사랑
당신을 향한 우리의 사랑을
은방울 쩔렁이며 노래합니다
사랑의 화음에 맞추어 당신을 찬미하며
우리 모두 하나가 됩니다
가정에서, 교회에서, 세계에서
모든 이가 사랑이신 당신 안에
당신을 부르며 하나로 태어납니다

어서 오십시오, 예수님
우리의 별이 되신 예수님

1986. 12.

성탄 3

침묵의 말씀이신 당신 앞에

가장 완전한 사랑의 시로
세상에 태어나신 작은 예수님
당신을 맞는 이들의 가슴속에선
일제히 기쁨의 종이 울리고
이 종소리 곳곳에 퍼져 나가
인류는 오늘
한 가족, 한 형제로 마주 보며 웃습니다
당신이 태어나신 세상은
온통 설레임의 축제입니다

어둠이 깊을수록
빛을 그리는 마음이 간절하듯이
우리는 삶의 어둠 속에서
빛이신 당신을 그리워했습니다
불의와 폭력과 분열이 난무하는
세상의 어둠
미움과 욕심과 불신을 떨쳐 내지 못한
마음의 어둠 사이를

수없이 방황하며 당신을 기다렸습니다

어서 오십시오, 예수님
어둠을 빛으로 바꾸러 오신 예수님
우리는 본디 가난하고, 무력하고, 고독하지만
당신은 스스로 선택하여
가난하고, 무력하고, 고독한 아기의 모습으로
이 세상에 오시길 서슴지 않으셨으니

감사하다고 성급히 말해 버리기엔
행복하다고 가볍게 말해 버리기엔
부끄럽고 송구하여 숨고만 싶어지는
우리 마음의 기도는
기쁨 이전에 준비된
참회의 눈물인 것을 당신은 아십니다

오늘은 겸손 자체이신 당신을 안고
어린이의 겸손을 배웁니다
가장 단순하고 거짓 없는 그 눈빛을 바라보며
우리는 새롭게 당신을 선택합니다

사랑으로 먼 길을 오신 당신과 함께
우리의 눈이 사랑으로 열리어

오직 당신만을 보게 하소서
우리의 귀가 사랑으로 열리어
오직 당신만을 듣게 하소서
우리의 입이 사랑으로 열리어
오직 당신만을 찬미하게 하소서

아기이신 당신과 함께 갓 태어난
희망의 새 얼굴에도 입맞춤하며
우리는 또 먼 길을 가야 합니다
아침을 낳기 위한 밤의 어둠
희망을 낳기 위한 절망의 고통 속에
오늘도 울고 있는 많은 이들에게
우리는 당신을 안고 가야 합니다

세상 모두가 당신을 영접하는
'베들레헴'이 될 때까지
사람들 모두가 별의 인도를 따라
별이신 당신을 경배하며
하늘의 큰 뜻을 이룰 때까지
우리는 당신을 품에 안은
기다림이어야 합니다

가장 완전한 말씀의 시로

우리 가운데 오신 작은 예수님
영원한 복음이여, 찬미받으소서
우리가 당신 안에 하나 되는 기쁨을
흩어지는 말로써가 아니라
겸허하게 익어 가는 사랑의 삶으로써
온 세상에 소리치게 하소서

이 땅에 오신 구세주 예수님
우리 마음 안에 오신 예수님
침묵의 말씀이신 당신 앞에
더 이상 무슨 말씀 아뢰오리까

조용히 타오르는 마음으로
당신만을 선택할 뿐이오니
이것이 우리가 오늘
당신께 봉헌하는 첫 예물입니다

1987. 12.

신년 1

새해엔 산 같은 마음으로

언제 보아도 새롭게 살아오는
고향 산의 얼굴을 대하듯
새로운 마음으로 맞이하는 또 한 번의 새해

새해엔 우리 모두
산 같은 마음으로 살아야 하리
산처럼 깊고 어질게
서로를 품어 주고 용서하며
집집마다 거리마다
사랑과 평화의 나무들을 무성하게 키우는
또 하나의 산이 되어야 하리

분단의 비극으로
정든 산천, 가족과도 헤어져 사는
우리의 상처받은 그리움마저
산처럼 묵묵히 참고 견디어 내며
희망이란 큰 바위를 치솟게 해야 하리

어제의 한과 슬픔을
흐르는 강물에 띄워 보내며
우리도 산처럼 의연하게
우뚝 서 있어야 하리

우리네 가슴에 쾅쾅 못질을 하는
폭력, 전쟁, 살인, 미움, 원망, 불신이여 물러가라
삶의 흰 빛을 더럽히는
분노, 질투, 탐욕, 교만, 허영, 이기심이여 사라져라

"새해 복 많이 받으세요"
어디선가 흰 새 한 마리 날아와
새해 인사를 건넬 것만 같은 아침
찬란한 태양빛에 마음을 적시며
우리는 간절히 기도해야 하리

남을 나무라기 전에
자신의 잘못부터 살펴보고
이것저것 불평하기 전에
고마운 것부터 헤아려 보고
사랑에 대해 쉽게 말하기보다
실제로 사랑하는 사람이 되도록
날마다 새롭게 깨어 있어야 하리

그리하여 잃었던 신뢰를 되찾은 우리
삼백 예순 다섯 날 매일을
축제의 기쁨으로 꽃피워야 하리

색동의 설빔을 차려입은 어린이처럼
티 없이 순한 눈빛으로
이웃의 복을 빌어 주는 새해 아침

사랑하는 이의 얼굴을 대하듯
언제 보아도 새롭고 정다운
고향 산을 바라보며 맞이하는 또 한 번의 새해

새해엔 우리 모두
산 같은 마음으로 살아야 하리
언제나 서로를 마주 보며
변함없이 사랑하고 인내하는
또 하나의 산이 되어야 하리

1987. 1. 「강원일보」

신년 2

어머니가 계시기에

새해 첫날
어머니의 이름을 부르면
한 마리의 학이
소나무 위에 내려앉듯
우리 마음의 나뭇가지에도
희망이란 흰 새가 내려와
날개를 접습니다

새로운 한 해에도
새로운 마음으로
당신과 함께
먼 길을 가야겠지요?

어머니
하느님의 뜻에
온전히 순명하신 당신과 함께
순명의 길을
침묵 속에 숨어 사신 당신과 함께

겸손의 길을
우리도 끝까지 가게 해 주십시오
숨차고 고달픈 삶의 여정에도
어머니가 계시기에
절망하지 않습니다
어머니가 계시기에
우리는 아직도 넘어지지 않고
길을 갑니다

예수의 십자가 아래서
오늘도 우리를 부르시는 어머니
마음에 가득 낀
욕심의 먼지부터 닦아 내야
주님의 목소리를
잘 들을 수 있겠지요?

죄 없이 맑은 눈빛으로
세상과 사람과 사물을 바라보는
어린이처럼 되어야만
하늘이 잘 보임을
새로이 깨우치는 새해 아침

당신의 사랑 안에

우리 모두 새로이 태어나게 하십시오

사랑 안에서가 아니면
그 누구도 새로워질 수 없음을
조용히 일러 주시는 어머니

어머니가 계시기에
우리는 오늘도
희망이란 새를 날리며
또 한 해의 길을 갑니다

1989. 1. 『레지오 마리애』

주님 공현

별이 되게 하소서

예수여
부를수록 새로운 당신의 그 이름만이
언제나 우리의 별이 되게 하소서
이제 당신이 우리에게
더욱 가까이 오셨으니
당신이 오신 날은 우리의 생일이며
새해 첫날의 설레임인 것을
오늘은 더욱 마음으로 압니다

당신께 드릴
황금과 유향과 몰약을
정성껏 준비한 동방의 세 현자들처럼
우리도 당신께 각자가 준비한
믿음과 소망과 사랑의 예물을 드리오니

비록 무게도 향기도 부족하여
가난한 예물이 될지라도
우리를 향한 당신의 그 뜨거운 사랑으로

어여삐 받아 주실 것을
우리는 마음으로 믿습니다

예수여
받을수록 놀라운 당신의 그 사랑만이
언제나 우리의 별이 되게 하소서

별을 따라 먼 길을 걸어
마침내 당신과의 만남을 이룬
동방의 세 현자들처럼
우리도 고단한 여정을
신앙으로 계속하여
당신을 만나 뵙기 원이오니

예수여
우리가 진심으로 당신을 사랑하면
먼 길도 가까워지는 것을
낯선 이웃도 가까운 형제 되는 것을
오늘은 더욱 마음으로 깨닫습니다

아직도 다는 알아듣지 못한
당신의 끝없는 사랑을
침묵으로 헤아리며 당신을 경배하오니

천사와 목동들과 동방의 현자들과 더불어
당신을 경배하오니

예수여
당신 안에
새롭게 시작하는 새해엔
우리도 별이신 당신을 닮아
또 하나의 별이 되게 하소서

마음마다, 집집마다, 거리마다
구원의 기쁜 소식을 빛으로 선포하는
별이 되게 하소서

하늘의 별처럼 높이 살진 못해도
이름 있는 별처럼 반짝이진 못해도
예수여
우리가 당신을 진심으로 사랑하면
사랑에 목숨을 거는
또 하나의 별이 될 수 있음을
오늘은 더욱 기도하며 압니다

그리하여 저주의 말은 찬미의 말로 바꾸고
불평의 말은 감사의 말로 바꾸는 것을,

절망은 희망으로 일어서고
분열은 일치와 평화의 옷을 입으며,
하찮고 진부하게 느껴지던 일상사가
아름답고 새로운 노래로 피어나는 것을,
당신의 은총 속에 압니다

예수여
부를수록 정다운 당신의 그 이름만이
우리의 빛나는 별이 되게 하소서

이제
당신이 오신 날은
우리의 축일
새해 첫날의 기쁨인 것을
처음인 듯 새롭게 마음으로 압니다

1987. 1.

사순절

사랑과 침묵과 기도의 사순절에

주님,
제가 좀더 사랑하지 못하였기에
십자가 앞에서 사랑을 새롭히는 사순절이 되면
닦아야 할 유리창이 많은 듯 제 마음도
조금씩 바빠집니다

제 삶의 일과표엔 언제나
당신을 첫자리에 두고서도
실제로는 당신을 첫자리에
모시지 못했음을 용서하소서

'올해에도 우선 작은 일부터 사랑으로'
이렇게 적혀 있는 마음의 수첩에
당신의 승인을 받고 싶습니다, 주님
성당 입구에서 성수를 찍거나
문을 열고 닫거나
화분에 물을 주는 것과 같은
저의 조그만 행위를 통해서도

당신은 끊임없이 찬미받으소서

식사하거나 이야기하거나
그릇을 닦거나 걸레를 빠는 것과 같은
일상의 행위를 통해서도
당신을 변함없이 사랑하게 하소서

주님,
제가 좀더 침묵하지 못하였기에
십자가 앞에서 침묵을 배우는 사순절이 되면
많은 말로 저지른 저의 잘못이
산처럼 큰 부끄러움으로 앞을 가립니다

매일 잠깐씩이라도 성체 앞에 꿇어앉아
말이 있기 전의 침묵을 묵상하게 하소서
제가 다는 헤아리지 못하는
당신의 고통과 수난
죽음보다 강한 그 극진한 사랑법을
침묵하는 성체 앞에서
침묵으로 알아듣게 하소서

십자가 앞에서 기도를 익히는 사순절이 되면
잔뜩 숙제가 밀려 있는 어린이처럼

제 마음도 조금씩 바빠집니다
성서와 성인전을 머리맡에 두고
거룩함에 대한 열망을 새롭히는 계절

제가 기도하겠다고 약속했던
가까운 이웃들의 얼굴이 떠오르고
세상 곳곳에서 기도를 필요로 하는
수많은 이웃들의 모습이 떠오릅니다

한번도 제대로 기도를 못한 것 같은
절망적인 느낌 속에서도 주님,
기도를 포기하지 않을 수 있는
믿음과 인내를 주소서
제 안에 사제로 살아 계신 당신이
저와 함께 기도해 주심을 믿겠습니다

그리하여 주님,
제가 먼 광야로 떠나지 않고서도
매일의 삶 속에 당신과 하나 되는
즐거운 사순절이 되게 하소서

1986. 2. 「가톨릭 신문」

부활 1

부활 소곡

1

사제가 어둠 속에
예수의 이름으로
예수를 밝히는 밤

나의 어둠은
당신의 빛으로 밝아지고
나의 목마름은
당신의 생수로 축여지고
나의 죽음은
당신의 생명으로 부활하리라

너와 나의 흰 초에
불을 붙이며
타지 않는 혼에 불을 놓으며
다시 태어나리라

나는 어둠이어도
당신이 빛이어서
나를 밝히는 빛의 노래
'그리스도의 광명'

2

봄이 누운 산허리에
부활의 기쁨이
진달래로 피는 새벽

당신을 모신 내 마음은
생명의 향기에 취해
먼 데서도 이웃을 부르는
천리향 꽃의 기도

해마다
내가 죽지 못한 부끄러움에
얼굴을 못 드는 부활절 아침

나는 죄인이어도
당신이 사랑이어서
또다시 나를 살게 하는

찬미의 힘찬 노래

거듭나게 하는 노래

알렐루야, 알렐루야

1982. 4. 「서울주보」

부활 2

부활절의 기도

당신께 받은 사랑을
사랑으로 돌려드리지 못한
저의 어리석음조차
사랑으로 덮어 주신 당신 앞에

한 생애를 굽이쳐 흐르는
눈물의 강은
당신께 드리는 저의 기도입니다

깊고 적막한 마음의 동굴 속에
수없이 얼어붙은 절망의 고드름들을
희망의 칼로 깨뜨리며
일어서는 부활절 아침

오늘은 흰옷 입은 천사처럼 저도
뉘우침의 눈물로 표백된
새 옷을 차려입고
부활하신 당신을 맞게 하소서

막달라 마리아처럼 뜨거운 사랑과
아름다운 향유도 지니지 못한
미련한 저이오나
온 우주에 구원의 꽃을 피우신
당신을 기리기 위해
가장 날랜 기쁨의 발걸음으로
달려가게 하소서

시몬 베드로의 겸손한 믿음으로
저도 당신께 다가서서
가슴에 출렁이는 물소리를 들으며
이렇게 고백하고 싶나이다
"아시는 바와 같이
저는 주님을 사랑합니다"

그러나 저의 사랑은 아직도
떠다니는 구름처럼
방황할 때가 적지 않음을 용서하소서

새로운 마음으로
새로워진 세상은
참으로 아름다운 것임을
알게 하여 주신 주님,

오늘은 천상의 종소리를 들으며
다시 한번 기억하게 하소서

참회의 눈물로 사랑을 고백하여
새로워진 날들은 죽음을 이긴 날
언제나 눈부신 환희의
부활 축제라는 것을

1986. 4. 『생활성서』

성모성월 1

오늘은 꽃과 불 속에

마리아
당신을 어머니로 부르는
우리 마음에도
5월의 신록처럼 싱그러운
희망의 잎새들이 돋아나게 하소서

오늘은 당신께
꽃과 불을 드립니다
우리의 생명
우리의 사랑
우리 자신을 드리듯이
꽃과 불을 드립니다

우리가 당신께 꽃을 드릴 제
꽃 속에 담긴 소망들을 헤아리소서
오늘을 살아가는 이들의
보이지 않는 눈물과 한숨 또한
받아 주소서

우리가 당신께
촛불을 드릴 제
불 속에 태우는 모든 이야기들
세상에선 참으로 어찌할 수 없는
우리의 고뇌와 절망 또한 받아 주소서

마리아
지금 당신의 예수는 어디 계신지
우리의 예수는 어디에서
우리를 부르고 계신지도 알려 주소서

밤하늘에 흩어진 별들처럼
우리는 모두 제가 사는 자리에서
예수를 찾아 빛나는 별들이게 하소서
당신처럼 그를 사랑하는
겸손한 갈망을 일깨우시어
우리의 삶이 사랑으로 변화되게 하소서

기도할 줄 모르는 가난한 기도자도
당신을 어머니라 부르오니, 마리아여
오월엔 당신의 그 이름이
부를수록 새로운 노래입니다

묵주를 들고 두 손 모으는 이들의
순한 눈빛 속에
한 줄기 미풍처럼 스쳐 가는
영원에의 그리움을 보소서

마리아
오늘은 꽃과 불 속에
당신을 부르는 우리 마음이 그대로
꽃과 같은 찬미의 기도이게 하소서
불과 같은 참회의 기도이게 하소서

1983. 5. 「가톨릭 신문」

성모성월 2

어머니, 당신의 오월이 오면

어머니, 당신의 오월이 오면
먼 데까지 날아가는 라일락 향기처럼
신령한 기쁨을 가슴에 꽃피우며
나자렛 성가정을 찾아가겠습니다

하느님 아버지의 놀라운 섭리와
성령의 놀라운 이끄심 안에
구세주 예수를 낳아 주신 우리의 어머니
가나의 혼인 잔치에서처럼
"그가 시키는 대로 하여라"
오늘도 조용히 말씀하시는 어머니

예수가 가르치신 '사랑의 길'에서
믿음과 순종이 부족했던
우리의 지난날을 용서하소서
당신이 잃은 아들을 찾아 헤매셨듯이
우리 탓으로 잃어버린 예수의 모습을
우리도 애타게 찾아 얻게 하소서

성체성사의 신비 안에서
그와 다시 결합하는
생명의 기쁨을 누리게 하소서

우리가 서로를 사랑하는 시간은
언제나 거룩한 시간
성체 안의 예수와 하나 되는 시간임을
기억하게 하소서

어머니, 당신의 오월이 오면
당신을 향한 찬미와 감사의 인사를 챙기기 전에
많은 부탁부터 드리게 되는 무례함을 용서하십시오

몹시 슬프고 답답할 때면
어머니의 이름을 부르는 것만으로도
은혜로운 기도입니다
우리를 돌보시는 어머니가 계시기에
근심 중에도 세상은 아름답지만
사랑의 결핍으로 집을 잃어버린 이들이
너무도 많은 이 시대에
우리 모두 뜨거운 신뢰의 벽돌로
사랑과 평화의 집을 짓게 하소서
그 튼튼한 울타리 안에

모든 이를 형제로 불러 모으게 하소서

우리가 서로를 사랑하는 공간은
언제나 거룩한 공간
그것이 곧 교회이며 가정을 이루는 시작임을
기억하게 하소서

그리고 어머니
남북으로 갈라져서
아직도 한 가족이 되지 못한
상처투성이의 우리나라도
하루 속히 평화 안에
제자리를 찾을 수 있도록
끊임없이 전구하여 주소서

살육과 폭력과 전쟁이
다시는 이 땅을
할퀴고 지나가는 일이 없게 하여 주소서

어머니, 당신의 오월이 오면
먼 데까지 날아가는 아카시아 향기처럼
정결한 기쁨을 가슴에 꽃피우며
우리의 이웃을 만나러 가겠습니다

친척 언니 엘리사벳에게 봉사하러
바쁜 걸음 모으시던 당신을 기억하며
봉사와 겸손의
아름다운 집을 짓겠습니다

1986. 5. 『생활성서』

성모승천 1

성모여, 울게 하소서

하늘에 오르신 성모여,
당신의 기쁨은
눈물에 씻겨 더욱 영롱한 빛이었음을
기억하게 해 주소서

마음 놓고 울 수도 없는
이 어두운 시대
어머니신 당신 앞에서조차
울 줄 모르는 아이가 되는 것이
참으로 두렵습니다

내 때 묻은 영혼을
눈물로 세탁할 정성이 없었음을
지금은 울게 하여 주소서

울 수 있는 것도 은혜임을
전에는 몰랐습니다
어머니

자신의 죄를 울 수 없는 자
남을 위해서도 울 수 없음을
깊이 알지 못했습니다

잘못이 잘못인 줄도 몰랐던
지난날을 뉘우치며
지금은 당신 앞에
후련한 울음을 쏟아 내게 하소서

사랑할수록 깊어지는
청정한 눈물의 샘터에서
나를 씻게 하소서

절망의 늪으로 침몰했던
죄 많은 날들도
믿음으로 새 옷 입고
부활하게 하소서

마음 놓고 노래할 수도 없는
이 메마른 시대

당신을 부르는 것만으로도

위안이 됩니다
어머니

아무도 엿보지 않은
내 고통의 밀실에서 타고 있는 기도가
오늘은 당신과 함께
승천하는 기쁨을 누리게 하소서

1981. 8. 「서울주보」

성모승천 2

어머니, 우리가 당신을 부르면

어머니, 우리가 당신을 부르면
땅 위에서도 천상의 종소리를 듣습니다

무섭게 폭우를 쏟아 붓던 하늘에
기적처럼 태양이 떠오르면
근심과 우울로 습기 찼던
우리 마음의 방에도 빛이 스며듭니다

물난리에 휩쓸려 목숨을 잃은 이들과
집과 가족을 잃어버린 이웃의 아픔을
어떻게 나누어야 좋을지 모르는
우리의 무력함에 눈물 흘릴 때
어느새 곁에 와서 함께 우신 어머니

슬픔이 깊어지면 말은 숨어 버리고
눈물만이 절절한 기도인 것을
우리는 오래전부터
당신께 배웠습니다

오늘은 우리 겨레의 해방절이며
하늘에 올림받으신 당신의 축일

목숨 바쳐 나라를 사랑한 이들의
피와 눈물로 새로이 탄생한 자유를
소중한 선물로 받아 안고
우리가 태어난 산과 강과 들에
엎드려 입맞춥니다
103위 순교 성인들과 수많은 무명無名의 순교자들이
피 흘려 신앙을 증거한
이 축복받은 생명의 땅에서
세례의 흰옷 입은 우리네 가슴마다
승리의 기를 달고 만세를 부릅니다

어서 오십시오, 어머니
고통과 인내와 기다림의 강이었던
당신의 한 생애처럼
굽이치는 시련의 물살을 딛고 일어선
우리 역사의 한가운데로 오시어
늘 함께 계셔 주십시오
영원을 향해 흘러가는
우리네 삶의 바다 한가운데
희망으로 우뚝 솟은 푸른 섬이 되십시오

당신이 지금껏 그리 하신 것처럼
우리 가정과 교회, 나라와 세계를
크신 사랑으로 보호해 주시고
아물지 않는 모든 상처를
어머니의 손길로 어루만져 주십시오

우리에게 예수를 낳아 주시고
끝내는 우리를 그분께 데려가실
믿음과 겸손과 구원의 어머니
하나뿐인 태양이 만인의 가슴에
은총의 빛을 뿜어내는
8월의 하늘을 보며
우리는 하나뿐인 당신의 아들 예수를
우리의 태양으로 받아 안고
뜨거운 사랑을 고백합니다

장마철의 곰팡이처럼
여기저기 얼룩져 있는 우리의 죄를
깨끗이 속죄하여 닦아 낼 틈도 없이
늘 필요한 기도부터 드리는
자녀들의 무례함을 용서해 주십시오

어머니, 우리가 당신을 부르면

멀리 있던 하늘이 더 가까이 옵니다

자유와 정의와 평화를 갈망하는
우리 모두의 염원처럼
하얀 구름 떼들이 떠다니는 하늘 위로
당신을 기리며 승천하는 기도의 합창

"티 없이 깨끗하신 마리아여, 찬미받으소서"
"평화의 모후여, 우리를 위하여 빌으소서" 아멘

1987. 8. 15. 「가톨릭 신문」

순교자성월

오직 사랑 때문에

번번이 결심을 하면서도
세속적 욕망을 떨쳐 버리지 못하는
비열한 마음
죄를 짓고도
절절히 뉘우칠 줄 모르는 무딘 마음
믿음의 불꽃이 활활 타오르지 못하는
냉랭한 마음

우리의 이러한 마음들을
불쌍히 여기소서

이미 오래 전부터
우리 안에 피 흘리며
울고 계신 님들이여

어서 산이 되어 일어나
말씀하소서
고통의 높은 산을 넘어

끝내는 목숨 바칠 수 있는 믿음만이
믿음이라고 —

어서 굽이치는 강이 되어
소리치소서
고통의 깊은 강을 건너
끝내는 죽을 수 있는 사랑만이
사랑이라고 —

남들이 가지 않으려는
가파른 생명의 길
고독한 진리의 길을
그리스도와 함께 끝까지 걸어
그리스도와 함께
승리하신 님들이여

이제 우리도
가게 하소서

어제의 환상이 아닌
오늘의 아픔의 무게
꽃처럼 고운 꿈이 아닌
피투성이의 십자가를 지고

우리도 님들을 따라가게 하소서

오직 사랑 때문에
죽음을 두려워 않는
용기와 지혜를 주소서

우리 마음의 어둠을 밝히시려
날마다 흰옷 입고 부활하는
미쁘신 님들이여
산천이 울리도록
우리를 부르소서
그리운 님들 안에
하나 되게 하소서

1989. 9.

출발을 위한 기도
― 생활성서 창간에 부침

생명의 샘에서 물을 긷듯이
생명의 책에서 말씀을 긷습니다

주님, 당신 말씀을 떠 마시며
살아가는 이들의 기쁨이
굽이치는 강 되어
세상 곳곳
모든 이의 가슴에도 흘러들게 하소서

당신의 책은
눈으로 보는 게 아니라
마음으로 읽는 것
읽는 게 아니라
살아야 하는 것
모르지 않으면서
무심히 지냈음을 용서하소서

어둡고 곽곽한 일상의 삶에도

빛과 물이 솟게 하는
단 하나의 생명의 책을
그 어느 것과도 바꾸지 않겠습니다

어떤 기도서보다도
내 마음을 깊게 하며
어떤 백과사전보다도
나 자신을 넓혀 주는
사랑의 성서

그 안에 늘
당신과 함께 살아감을
감사하게 하소서

한밤에
잠을 떨치고 일어선 사무엘처럼
이제는 더욱 분명히
당신의 목소리를 나도 듣사오니
"말씀하소서 당신의 종이 듣나이다" (1사무 3,10)

오랫동안 준비되어
당신 앞에 새로 태어난
'생활성서'의 나눔을 통해

더 많은 이들이 평화의 길을 가며
당신의 좋으심을 찬미하게 하소서

우리의 모든 매일이
당신을 더욱 맛들이는
말씀의 축제이게 하소서

1983. 9. 『생활성서』

깊은 데로 가서 그물을

– 루가 5,1-11

주님,
겐네사렛 호수에서
당신의 제자들이
많은 물고기를 잡은 것처럼
저는 날마다
마음의 호수에서
많은 물고기를 낚아 올립니다

지느러미 하늘대며 펄펄 살아 뛰는
그 싱싱한 물고기들의 이름은
희망, 기쁨, 겸손, 인내 —
모두가 아름다운
당신의 선물입니다

당신 말씀대로 호수 깊은 곳에 그물을 쳐
그물이 찢어질 만큼 많이 잡힌 물고기에
제자들이 놀란 것처럼
저도 당신의 크신 사랑과 능력에

할 말을 잃어버린 작은 어부입니다

주님,
때로는 어찌할 바를 모르고
제가 절망의 한가운데서
빈 그물을 씻을 때마다
당신은 조용히 말씀하셨습니다
"깊은 데로 가 그물을 쳐라"

그리고 당신 말씀대로
마음 깊은 곳에 기도의 그물을 치면
비늘이 찬란한

희망과 기쁨의 고기가 잡혔습니다
삶에 필요한
겸손과 인내도 많이 얻었습니다

이제는 더 이상
저의 뜻을 따라 살지 않고
멀리 떠날 준비를 하게 하소서
배와 그물조차 버리고
당신을 따라나선 제자들처럼
모든 정든 것을 버리고도 기쁠 수 있는
사랑의 순명만이 승리할 수 있도록

1985. 2. 『생활성서』

기뻐하게 하소서

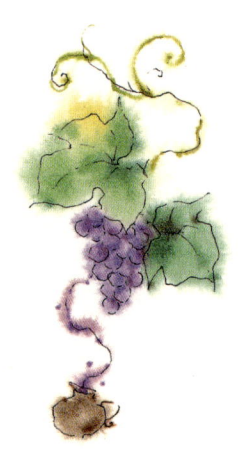

항상 기뻐하는 이의 마음에
더 많은 기쁨의 씨앗을
뿌려 주시는 주님,
저로 하여금
아무리 작은 씨앗이라도
정성껏 가꾸어 꽃피우게 하시고
잘 익은 열매에서 짜낸
향기로운 기쁨의 즙을
이웃에게도 한 잔씩 건네주며
당신을 찬미하는 매일이 되게 하소서

햇빛과 공기와 바람
물과 불과 흙
가족과 친지와 이웃처럼
너무 가까이 있기에
오히려 소홀하기 쉬운
제 주변의 사물과 사람들을
더욱 새로운 눈으로 바라보고
새로운 마음으로 사랑하는 가운데

감사의 기쁨을 새롭히게 하소서

부활하신 주님을 뵙고
기뻐서 어쩔 줄을 몰랐던 그 제자들처럼
저도 당신을 만나 계속되는
은혜로운 삶의 기쁨을 노래하게 하소서

당신이 제게 선물로 주신
삶과 존재와 시간을
"죽고 싶다" "지겹다"
"그저 그렇다" "별 것 아니다" 등의
부정적인 말로 푸념하며
몹시 지쳐 있는 순간에도, 주님
힘없고 떨리는 음성으로나마
당신을 부르는 믿음과 기도의 기쁨으로
새 힘을 얻게 하소서

슬픔과 절망과 고뇌의 불로 구워 내
빛나고 단단해진 기쁨의 보석들을
더욱 열심히 갈고 닦는
은총의 매일이 되게 하소서

정성을 다한 선행

아낌없이 자신을 쏟아 부은 봉사가
아무런 보답도 받지 못하고
비난과 오해의 대상이 될 때라도, 주님
이를 흔연히 받아들일 줄 알게 하시며
남에게 잊혀지는 쓸쓸함을 통해
자신에게 눈을 뜨는 겸허한 기쁨을
조금씩 맛들이게 하소서

온전한 기쁨의 원천이신 주님
저로 하여금 자연의 섭리에 순응하는 나무들처럼
너무 덤비지도 않고
너무 느리지도 않게
당신의 뜻을 찾아 응답하는
기쁨의 명수名手가 되게 하소서
그리하여 어느 날
제가 이 세상을 떠난 후에도
당신과 함께 영원한 나라에서
영원한 기쁨을 노래하게 하소서

1989. 4. 『미리내』

다시 드리는 기도

주님,
지금껏 살아오면서
당신께는 무엇이든지 그저
달라고만 조르며
요구가 많았습니다

지키지도 못할 약속을
종종 즉흥적으로 해 놓고는
스스로 부담스러워한 적도
적지 않았습니다

아니 계시다고 외면해 버리기엔
너무도 가까운 곳에서
저를 부르시는 주님
아직도 기도를 모르는 채
기도하고 있는 저를 내치지 않고
기다려 주시는 주님

이제 많은 말은 접어 두고

오직 당신의 이름만을
끊임없이 부르렵니다
제가 좋아하는 노래의 후렴처럼
언제라도 쉽게 기억되는
당신의 그 이름이
저에겐 가장 단순하고 아름다운
기도의 말이 되게 하십시오

바쁜 일손을 멈추고
잠시 하늘의 빛을 끌어내려
감사하고 싶을 때

일상의 밭에 묻혀 있는
기쁨의 보석들을 캐어 내며
당신을 찬미하고 싶을 때
새로운 노래를 부르듯이
당신을 부르렵니다

사소한 일로 짜증을 내고 싶거나
남을 미워하는 마음이 싹틀 때
여럿이 모여 남을 험담하는 자리에서
선뜻 화제를 돌릴 용기가 부족할 때
나직이 당신의 이름을 부르며

마음을 깨끗이 하렵니다

주님, 제 삶의 자리에서
누구도 대신 울어 줄 수 없는 슬픔과
혼자서만 감당해야 할 몫의 아픔들을
원망보다는 유순한 마음으로 받아들이며
더 깊이 고독할 줄 알게 해 주십시오

당신이 계시기에
고독 또한
저를 키우는 산이 됩니다

앞으로 살아갈 모든 날에도
끝없이 불러야 할 당신의 이름
그 이름을 부르며
깊디깊은 마음의 샘에서
줄기차게 끌어올리는 신뢰와 사랑이
당신께 드리는
제 기도의 시작이요 완성이오니

주님
이렇게 다시 드리는 저를
다시 받아 주십시오   1989. 5. 『나음터』

□ 이해인의 시 세계 □

둥근 아니마*의 일하는 사랑

김승희 시인

몇 년 전인가 나는 이해인 수녀의 세 번째 시집 『오늘은 내가 반달로 떠도』에 대해 서평 형식의 글을 쓴 적이 있다. '원圓을 향해 차 오르는 반달의 시학'이라는 제목이었는데, 그 글에서 나는 "『오늘은 내가 반달로 떠도』를 읽고 가장 먼저 두드러져 오는 것은 '오늘'이라는 현실 상황은 반달처럼 불완전하고 결핍된 존재이지만 그 결핍 상황은 '내일'이라는 미래의 시점에서 보름달처럼 둥근, 완전하고 무한한 원을 꿈꾸게 한다는 것이다. 반달이라는 현재의 결핍 상황은 격렬한 영혼의 굶주림과 배고픔을 배태하고 보름달의 원을 향한 고통스런 궤도를 간다. 그것을 동양적 표현으로 구도求道의 길이라 해도 좋고 그녀가 수녀로서 살아가고 있음과 관련하여 수도의 길이라고 불러도 좋다. 아니면 한국문학에서 되풀이되어 구원久遠의 존

---

*anima: 칼 융에 의해 여성의 원형으로 지칭되었다. 곧 지성의 표상이 아니라 영혼의 표상이며, 과학의 표상이 아니라 시의 표상이다. 우리를 구원해 주는 영혼의 친구, 여성적 구원자로 해석될 수 있다.

재로 나타나는 '님을 찾는 길'이라 해도 무방하다. 다만 결핍된 존재가 충족된 존재로 변신하려는 끝없는 노력, 아니면 그에 합일하려는 귀의의 몸짓이 바로 반달의 숙명적 궤도인 것이다. 그 궤도에서 느끼는 한 영혼의 고통, 내밀한 기쁨, 혹은 배고픔과 기다림과 절망과 찬미를 이 시집은 보여 준다"라고 세 번째 시집의 세계를 지적했었다.

그리고 오늘 밤 그녀의 네 번째 시집 『시간의 얼굴』을 읽으면서 그런 반달 의식, 보름달 지향 의식은 시인의 본질적 인생관·세계관·종교관 같은 것으로서 이번 시집 안에도 지배적 의미망을 구축하고 있다는 느낌을 받았다. 사실 '달'이라는 심상만큼 시간을 강력히 반영하고 있는 것도 드물다.

너는
나만의 것은 아니면서
모든 이의 것
모든 이의 것이면서
나만의 것

만지면
물소리가 날 것 같은
너

세상엔 이렇듯

> 흠도 티도 없는 아름다움이 있음을
> 비로소 너를 보고 안다
> 달이여
>
> 내가 살아서
> 너를 보는 날들이
> 얼마만큼이나 될까?
>
> -「보름달에게 1」 전문

 이렇듯 시인은 보름달을 신성하고 완벽한 영원의 존재로 파악하면서 그 달에 비추어 자신의 유한성을 인식하고 있다. 인간을 지상에서 시간을 사는[生] 존재라고 할 때 그 인간에게 주어지는 시간은 유한한 한정성의 시간이다. 우리는 유한한 존재로서 세속적 공간을 살고 있는 존재이지만 그러나 보름달과 같은 신성하고 완벽하고 지고한 존재를 만날 때 영원한 시간, 혹은 신성한 공간으로서의 삶을 느끼게 된다. 세속 자아가 신성 자아로 되는 신성 체험, 혹은 역사적 시간을 사는 유한적 존재의 영원 체험이 바로 그것이다. 이해인 수녀의 시 「보름달에게 1」은 바로 그런 영원한 시간에 대한 신성 체험을 읊고 있는 것이다.
 그러나 이해인 수녀가 살고 있는 시간의 얼굴이 모두 그렇게 영원성이 깃든 신성 시간의 체험과 연관된 것만은 아니다.

내가 걸어 다닌 수많은 장소를
그는 알고 있겠지
내가 만나 본 수많은 이들의 모습도
아마 기억하고 있겠지

나의 말과 행동을 지켜보던 그는
내가 쓴 시간의 증인
비스듬히 닳아 버린 뒤축처럼
고르지 못해 부끄럽던 나의 날들도
그는 알고 있겠지

언제나 편안하고 참을성 많던
한 켤레의 낡은 구두
이제는 더 신을 수 없게 되었어도
선뜻 내다 버릴 수가 없다

몇 년 동안 나와 함께 다니며
슬픔에도 기쁨에도 정들었던 친구
묵묵히 나의 삶을 받쳐 준
고마운 그를

— 「낡은 구두」 전문

구두란 어쩌면 우리의 가장 지상적이고도 일상적인 무거운 체험의 동반자일 것이다. 그러기에 구두는 바로 우리 삶의 일상적 시간과 맨 밑바닥 체험의 증인이요, 일상적 시간의 찌그러진 얼굴 그 자체이다. "나의 말과 행동을 지켜보던 그는 / 내가 쓴 시간의 증인 / 비스듬히 닳아 버린 뒤축처럼 / 고르지 못해 부끄럽던 나의 날들"을 알고 있는 구두는 바로 낡고 고통스럽게 일그러져 간다는 의미에서 일상적 시계의 마모磨耗의 얼굴과 마모의 숙명을 암시하는 대표적 상징이 된다. 일회적인 유한有限 시간의 숙명적 비극성의 상징인 것이다.

보름달이 이해인 수녀가 지향하는 "영원에의 노스탤지어"와 연관된 초월적 이미지라면 구두는 유한성이라는 밀폐된 시간 속에서의 마모의 숙명을 상징하는 일상적(지상적) 시간의 얼굴이 된다. 보름달과 낡은 구두 사이 이해인 수녀의 시간의 얼굴은 아름다운 궤적을 그리면서 순환 운동을 하고 있다. 보름달의 시간이란 엘리아데의 표현을 빌리면 신성 시간(태초의 시간, in illo tempore)이요. 구두의 시간이란 엘리아데적 현실 시간(hoc tempus)에 해당하는 듯 보인다.

흰옷 입은 사제처럼 시간은 새벽마다 신의 이름으로 우주를 축성하네. 오래되어도 처음 본 듯 새로운 시간의 얼굴. 그는 가기도 하지만 오는 것임을 나는 다시 생각해 보네. 오늘도 그 안에 새로이 태어나네.

- 「시간의 얼굴 1」 전문

이렇듯 신의 이름 안에서 순간은 영원이 되고 낯익고 진부한 세계는 "처음 본 듯" 새로운 첫사랑의 순결한 시간이 되며, 또한 그 신성 시간은 "가기도 하나 또다시 오는" 순환적인 원의 존재이다. 여기에서 우리는 이해인 시의 달의 이미지가 순환적 시간론과 굳게 맺어져 있으며 그것은 달의 차고 기울었다 다시 차는 재생의 원(circle) 운동이 바로 신의 섭리와 맺어진 원형이라는 것을 느끼게 된다. 그런 신성 시간 혹은 영원 시간은 우리의 현실 시간이나 역사 시간의 마모와 훼손과 일그러진 고통을 구원해 주는 우주적 창조의 시간인 것이다. 그런 시간 안에서의 끊임없는 재생과 신생의 체험을 이해인 수녀는 종교의 차원 안에서 매일 매일 재생 제의(regeneration-rite)처럼 겪고 있는 것이다. 그리하여 그녀에게는 현실 시간의 고통과 자기 해체적 절망보다는 신의 축성을 받은 새로운 신성 시간에 대한 겸허한 경탄의 노래가 더 많이 나타난다.

영원한 재생의 상징인 보름달을 지향하던 시인이 그 수직적 관심의 눈길을 지상으로, 수평적 관심으로 전환할 때 그녀의 눈에 가장 많이 들어오는 것은 꽃 — 바로 식물의 이미지다.

식물 역시 달과 마찬가지로 죽음을 거쳐 영원히 재생의 순환 운동을 지니고 지상으로 되돌아오는 영원한 생명력의 상징이다. 엘리아데는 물 – 달 – 식물 – 여성으로 이어지는 생명력의 고리를 말하기도 했지만 소멸과 죽음을 지나서도 영원히 되살아오는 물 – 달 – 식물 – 여성은 바로 영원한 재생의 신화를 20세기 말인 오늘도 보여 주고 있는 신화적 원형들이다. 『시간의 얼굴』 시집 속에 꽃과 나무를 소재로 한 작품이 많은 것도 바로 그런 의미 고리 안에서 읽힐 수 있다.

>사랑도 나무처럼
>사계절을 타는 것일까
>
>— 「사랑도 나무처럼」에서

>끝없이 차고 기우는 당신의 모습 따라
>졌다가 다시 피는 나의 기다림을
>당신은 아시지요?
>달님
>
>— 「달맞이꽃」에서

이렇듯 꽃과 나무는 사계절처럼 영원히 반복되어 되돌아오는 순환의 이미지이거나 달처럼 차고 기우는 영원한 순환 운동에 자연스레 매여 있다. 그리고 그것은 이해인 수녀의 불변적 주제인 사랑과 깊은 관련을 맺고 여러 가지 이미지로 변용되어 나타나고 있다.

>아무리 아름다운 상처라지만
>끝내는 감당 못할
>사랑의 출혈

이제는 조금씩
멈추게 하고 싶다

바람아
너는 알겠니?

네 하얀 붕대를 풀어
피투성이의 나를
싸매 다오

불같은 뜨거움으로
한여름을 태우던
나의 꽃심장이
너무도 아프단다, 바람아
         -「사르비아의 노래」에서

남을 위하여
자신의 목마름은
숨길 줄도 아는
하얀 겸손이여
           -「안개꽃」에서

너무 많이 사랑해서

너무 많이 외로운

한숨 같은 할미꽃

— 「할미꽃」에서

내가 철이 없어

너무 많이 엎질러 놓은

젊은 날의 그리움이

일제히 숲으로 들어가

꽃이 된 것만 같은

아카시아꽃

— 「아카시아꽃」에서

여기에서 보듯 슬픔·그리움·인내·외로움·기다림·겸허·정열 같은 사랑의 심리적 요소들은 주로 은유적 원리보다는 환유적 원리에 의해 식물(꽃들)로 대치되고 있는데, 환유적 원리에 의존해 너무 친숙한 변용을 해 버리기 때문에 '사르비아꽃 = 정열의 뜨거움, 안개꽃 = 겸손, 달맞이꽃 = 기다림, 할미꽃 = 외로움, 등꽃 = 겸허함, 아카시아꽃 = 젊은 날의 그리움'이라는 상식적이고 꽃말 차원의 평범한 변용에 머무르는 한계성을 보이기도 한다. 그러나 그런 평범한 사고, 기성 관념에 따르는 사물의 해석, 독자가 심미적 거리를 못 느끼는 낯익은 비유의 세계는, 그녀의 경우, 오히려 상투성의 한계라기보다는 이상한 친화력으로 다가오기도 한다.

그것은 그녀의 어조(tone)의 문제와 연관되어 이상하게 친화력의 상승 효과를 일으킨다. 문학은 그냥 쓰여진 채로 있는 글이 아니다. 특정한 인물이 특정한 어조로 특정한 사물에 대하여 특정한 사람에게 하는 말이다. 그녀 역시 "고마운 분들과 마주 앉아 부담 없이 나누는 그런 이야기"가 자기의 시라고 말하고 있는데, 그런 '마주 앉음'의 친밀한 화법이 독자에겐 상당한 위안을 가지고 다가가리라는 생각이 든다. 현대사회란 기본적으로 너와 나의 분리·분열이 심화되어 일종의 자폐증적 고립 구조를 가지고 영위되는데, 이해인 수녀의 '마주 앉음 화법'이랄까, 서정적 목소리랄까 하는 것이 그런 자폐증적 외로움, 고립을 잠시 잊게 해 주는 것은 아닐까.

이번 시집 『시간의 얼굴』에서도 그런 화법은 지배적으로 나타난다.

> 당신은 아시지요?
> 달님
>
> 당신의 밝은 빛
> 남김없이 내 안에
> 스며들 수 있도록
> 이렇게 얇은 옷을 입었습니다

해질녘에야

조심스레 문을 여는

나의 길고 긴 침묵은

그대로

나의 노래인 것을

달님

맑고 온유한

당신의 그 빛을 마시고 싶어

당신의 빛깔로 입었습니다

       - 「달맞이꽃」에서

꽃이여

어서 와서

한 송이의 사랑으로

머물러 다오

비어 있음으로

종일토록 너를 그리워할 수 있고

비어 있음으로

너를 안아 볼 수 있는 기쁨에

목이 쉬도록

노래를 부르고 싶은 나

      - 「빈 꽃병의 말 1」에서

나를 받아 주십시오

헤프지 않은 나의 웃음
아껴 둔 나의 향기
모두 당신의 것입니다

당신이 가까이 오셔야
나는 겨우 고개를 들어
웃을 수 있고
감추어진 향기도
향기인 것을 압니다

-「제비꽃 연가」에서

위의 인용시에서 볼 수 있듯 이해인 수녀의 어법은 '그대'·'당신'·'너'를 향하고 있는 이인칭 지향 화법인데, 그것은 모든 서정적 연시가 공통으로 지향하고 있는 감정 표현의 개인 지향성이기도 하다. 위의 시들에서 '당신'이 종교적 신이라는 텍스트 내적 징후는 거의 찾아볼 수 없다. 오히려 그것은 문맥 밖의 사실, 이 시의 지은이가 종교적 수도자라는 외적 사실과 관련하여 읽을 때만 '당신', '그대' 등의 존칭 이인칭은 신의 모습을 의미 구조 안에 담게 될 뿐이다. 종교시, 기도시라기보다는 서정적 연시의 목소리가 『시간의 얼굴』에서도 지배적 흐름을 이룬다. 이런 서정적 연시의 이인칭 지향 화법이 친숙한 의미와 아울러 이해인 신드롬을 낳았던 하나의 이유로 읽혀진다고 지적하고 싶다. 그것은 이해인 수녀의 시의 대중적 확산이 FM 방송의 전파에 크게 힘을 입었던 무시할 수 없는 사실과도 직접적으로 연관되는 문제다. FM 방송을 듣는 사람은 누구인가. 심야에 남들은 오락성 TV 드라마에 빠져 있거나 잠을 자거나 무언가 자기 위안이 될 수 있는 조그만 환락에 매달려 있거나 할 때 FM 방송을 켜고 있는 사람은 대개 외로운 사람, 마음의 문을 열고 싶은 사람, 고립된 사람, 이해받고 싶은 사람, 사랑을 원하는 사람들일 것이다. 현대사회의 거대한 문명 구조 속에서 자신을 익명의 개인으로, 버림받은 존재로 인식할 것이며 소외된 자, 얼굴 없는 무명 인간無名人間, 대도시 안의 고립된 섬 같은 존재로 외로워할 것이다.

그런 심야방송 청취자의 심리 구조 안에 이해인 수녀의 '이인칭을 지향하는 서정적 연시풍의 화법'은 상당한 정서적 위안을 준다. 서정시 자체가 '나 — 너'라는 주체 — 객체의 거리가 가장 가까운 정서의 밀착 혹은 동일화된 어울림을 주는 형식인데, 그렇기에 이해인 수녀의 친근하고도 평이한 시의 의미와 이인칭 지향 화법은 끊임없이 청취자의 고립감을 해체시키며 '어울림의 도란도란한 공간'으로 의식을 열게 하는 것이다. 어떤 때는 그 이인칭이 외로움 속에 고립된 나, 바로 나 자신이 아닌가 하는 위로를 받기도 하며, 또는 세상과 단절되어 벽 속에 갇힌 듯한 고립감 속에 빠진 사람들에게 '누군가 다정하게 말 걸어오는 듯한' 인간적 목소리의 다정한 인사로

느낀다. 그것은 비인간화 시대를 사는 현대인에게 말할 수 없는 내밀한 영혼의 울림을 준다고 생각한다. 독자가 몰래 엿듣는 듯한 시인의 내밀한 고백, 또는 극소수의 상대자(익명의 이인칭들)에게 몰래 들려주는 고백 같은 서정시 특유의 어법에다 그녀의 평이하고 낯설지 않은 언어, 일상적인 나직나직한 자연적 리듬은 현대의 독방 속에 고립되어 잊혀져 가는 메마른 영혼들에게 소중한 인격을 부활시켜 주는 생명적 기능을 가졌으리라. 말하자면 그녀의 친근한 서정적 어조는 이 비인간화 시대의 무無의 인간들에게 누군가 지금 나를 향해 다정하게 말을 걸어오고 있으며, 나를 근심하고 있으며, 나를 위해 기도하고 있는 것 같은 친화적 교류를 느끼게 한다는 것이다.

일찍이 미국의 여류 시인 에밀리 디킨슨은 자신의 고향 앰허스트를 평생 동안 떠나지 않고 은거하다시피 살았는데, "나는 아무도(nobody) 아니에요. 누군가(somebody)가 된다는 것은 얼마나 끔찍한 일인가요!"라는 시구를 남기기도 했다. 그러나 현대의 많은 사람들은 거대 사회 구조 안에서 너무나 아무것도 아닌 익명 인간(nobody)으로 소외되어 있기에 작은 인간적 교류, 사랑의 망을 통해 무언가 특별한 존재(somebody)가 되고 싶다는 말할 수 없는 애정 결핍증에 빠져 있는 것이다. 그것이 때로는 흉포한 폭력으로, 잔인한 광태로 나타나기도 하는데, 전파를 타고 배경음악과 함께 흘러나오는 이해인 수녀의 서정적 연가풍의 어법은 그대를 소중한 이인칭이며 아직 잊혀지지 않은 이인칭이며 아름다운 우주의 씨앗이라고 말을 건네는 것이다.

　이런 인간적 교류의 목소리는 특히 청소년기의 불안과 고독에 빠져 있는 영혼들의 위험한 공격성을 적지 않이 해소해주었을 것이라고 나는 확신하는데, 바로 이 지점에서 그녀의 아니마적 서정성이 어떻게 우리 사회의 병리학에 따스한 세례를 베풀었는가를 우리는 알 수 있게 되는 것이다. 이때 그녀는 한없이 낮은 것을 골고루 관심하는 (하이데거의 용어에서 관심이란 사랑과 이음동의어임을 연상하자) '사랑하는 아니마'의 자비로운 힘을 가지는 것이다. 「보름달에게」란 시에서

> 내가 죽으면
> 너처럼 부드러운 침묵의 달로
> 사랑하는 이들의 가슴에
> 한 번씩 떠오르고 싶다

라고 말하고 있듯이 무한한 완전성의 상징인 보름달의 사랑으로 이웃들에게 빛을 세례하고 싶다는 소망은 이해인 수녀의 본질적인 희원이다. 그런 소망이 익명의 나(독자, 청취자)를 개인의 존엄성을 회복한 사랑받는 이인칭으로 변모시키는 깊은 힘이 된다. 그러기 위해선 반달 같은 자신의 삶이 먼저 보름달이 되어야 한다. 그것은 "내가 죽으면"이라는 시구가 암시하듯 이 생生에선 실현 불가능한 무한한 신과의 합일 이후에나 가능한 소망이라고 말한다. 그녀의 반달 의식에 대해선

앞에서 언급했으므로 여기에선 보름달처럼 충만한 아니마의 너그러움과 부드러운 생명력을 가지고 이웃들을 방문하고 싶다는 범박한 소망이 바로 시 쓰는 수녀인 그녀 자체를 파괴적이고 공격적인 아니무스*로 다 찢기어진 80년대의 역사의 폐허 위의 '다정한 아니마'로 만들었다는 것을 말하고 싶다.

이해인 수녀의 시에 대해 "신을 사유私有화하는 경향으로 유감스럽게도 신은 여지없이 물화物化되고 말았다"(안수환)라거나 "상투적 고정관념의 소녀적 반복"이라는 등의 지적들이 있음을 알고 있으나, 그녀가 이미 백만 부가 넘는 시집 판매량을 가진 한국 최고의 베스트셀러 시인임을 생각할 때, 그 폭발적 현상의 배후에 있는 80년대 시 독자들의 집단적 심리 구조는 무엇이었을까 알고 싶어진다. 그것은 역사의 테러로 폐허가 된 어처구니없는 만화 같았던 일탈된 역사의 80년대, 황폐한 지평선 위에 하얀 수녀 옷을 입고 맑고 청초한 눈빛으로 홀연 다가왔던 그녀의 모습이 우리가 기대고 싶고, 위안받고 싶던 '영원한 아니마'의 형상에 흡사해서였던 것은 아니었을까. 그렇다. 나는 그것을 괴테가 "영원히 여성적인 것이 우리를 구원한다"라고 말했었듯이 순결한 아니마에 대한 말할 수 없는 동경의 울림 때문이었다고 보고 싶다.

마지막으로 한 가지 중요한 사실을 지적하고 싶다. 『오늘은 내가 반달로 떠도』 시집 속에는 「한 송이 수련으로」라는 시가

---

* animus: 칼 융이 남성 원리라고 부른 것. 아니마와 반대되는 것으로서 파괴적이고 공격적임.

있는데, "나를 위해 / 순간마다 연못을 펼치는 당신 / 그 푸른 물 위에 / 말없이 떠다니는 / 한 송이 수련으로 살게 하소서"라는 시구에서 보듯 반달의 갈망은 신의 연못 - 보름달 - 원 안에서 해소되는 것으로 나타났다. 그 시가 "한 송이 수련으로" 신의 연못에서 영원한 생명을 구가하고 싶다는 타력적他力的 개인주의적 희원을 보였다면 『시간의 얼굴』 안에 수록된 「수국을 보며」에선 상당히 원숙한 시 정신의 변모를 보인다.

　　기도가 잘 안 되는
　　여름 오후
　　수국이 가득한 꽃밭에서
　　더위를 식히네

　　꽃잎마다
　　하늘이 보이고
　　구름이 흐르고
　　잎새마다
　　물 흐르는 소리

　　각박한 세상에도
　　서로 가까이 손 내밀며
　　원을 이루어 하나 되는 꽃
　　혼자서 여름을 앓던

내 안에도 오늘은
푸르디푸른
한 다발의 희망이 피네

수국처럼 둥근 웃음
내 이웃들의 웃음이
꽃무더기로 쏟아지네

-「수국을 보며」 전문

"기도가 잘 안 되는", 신과의 합일이 여의치 못한 상태에서 "스스로 둥글어지는" 원환의 자력적自力的 체험, 각박한 세상살이에서 피로하고 앓는 이웃들일지라도 서로 손 내밀어 원을 이루고, 신의 연못과 같은 형태인 "둥근 웃음"을 만드는 체험을 발견한다는 점에서 이 작품은 상당한 주목을 요구하고 있다. 신의 원이 아니더라도, 신의 연못에 순응하여 귀의 합일하는 시혜적 은총이 잠시 막히더라도, 지상에서 헐벗은 이웃들끼리 만들 수 있는 인간의 원(circle)을 발견한 것은 땅 위에서도 인간이 서로 모여 조화로운 '둥긂'을 만들 수만 있다면 유한한 인간의 불완전한 삶이라고 해도 잠시 반달의 속성을 벗고 보름달을 '지을'[作] 수 있지 않느냐는 인식의 원숙함을 볼 수 있다. 물론 그것은 어울림의 조화를 전제로 하고 있는데, 이전의 시집들의 '마주 앉음'의 자세에서 '모두 어울려 원이 되는' 자세로 변모했다고 지적할 수 있겠다.

그것 역시 신적인 사랑인 아가페, 즉 카리타스를 인간이 구현할 수 있을 때만 가능할 것이니, 그녀의 시 속에는 언제나 거울 뒤에 칠해진 은박의 수은처럼 신이 깃든다. 결국 신은 거울을 거울이게끔 만드는 힘이다. 시인은 거울을 보다 맑게 열어 놓는 법을 가르쳐 준다.

그리고 그 맑은 거울 안에 깃드는 시간의 얼굴은 유한성 안에 갇힌 채로 눈 코 입이 마모되어 나가는 현실 시간의 고통일 때도 있지만 신과의 만남 혹은 결합 · 접촉으로 인해 낡은 자아의 껍질을 벗고 신성 시간으로 환원되는 우주적 창생의 시간일 때가 더 많다. 역사나 일상으로부터 해방된 신성 시간의 체험들이 시인이 바라보는 꽃, 나무, 먼지, 바다, 슬픔, 인내 … 모든 것 속에 마치 크리스털 속에 멈춰 있는 신의 빛처럼 고여 있다가 살아난다. 그녀는 세속 시간의 더러운 엉겨 붙음에서 우리의 시간의 세속화를 씻어 주는 신성 시간의 씻김 사제와도 같이 토막 나고 해체된 역사 시간을 영원의 달빛으로 맑게 씻어 준다.

기도 안에서 항아리에 가득 채워 둔 나의 시간들. 이웃을 위해 조금씩 그 시간을 꺼내 쓰면 어느새 신이 오시어 내가 쓴 것보다 더 많은 분량을 채워 주신다.

— 「시간의 얼굴」에서

이렇듯 일상 시간이 신성 시간으로 변화하는, 현실 시간이 신의 시간으로 변화하는 그 지점은 바로 다름 아닌 사랑의 지점 안에서이다. 그러므로 이해인 수녀의 낡은 구두의 시간에서 보름달의 시간으로 가는 "영원에의 노스탤지어"의 궤적은 바로 사랑의 궤적인 것이며 그녀의 시간의 얼굴은 곧 사랑의 얼굴이 되는 것이다. 사랑 그 자체가 그녀에겐 소멸과 마모라는 일상 시간의 훼손의 문법으로부터의 힘찬 부활의 상징이라고 말한다면 지나친 비약이 될 것인가?

  그러나 한 가지 분명하게 말할 수 있는 것은 사랑과 보름달은 철저한 공생 관계로서 서로 다른 한쪽에게 생명과 해답의 열쇠를 동시에 던지고 있다는 점이다. 이해인 수녀의 사랑은 바로 그런 "둥글어지려는" 영원에의 노스탤지어의 실천, 바로 그것이다.

  그런 의미에서 우리 시대에 비속하게 싸구려로 넘치는 사랑이라는 통속적인 말의 통속성을 가장 고결하게 배반하고 있는 사랑의 대표적 의미를 우리는 이 시집에서 만날 수 있다. 사랑 — 그것은 보름달 시간에 도달하려는 지상에서의 철저한 실천적 노력 바로 그것이며, 그녀는 사랑을 통해 우리의 유한한 세속 시간을 천지창조 때의 신성 시간으로 승화시키기를 꿈꾸고 있는 것이다!